DESTRUCTION

DE LA

FORTUNE MOBILIAIRE

EN FRANCE

AVIS

Le présent ouvrage, devant conserver le caractère presque confidentiel de « Mémoire à consulter » destiné aux intéressés et à un petit nombre d'esprits d'élite, a été tiré seulement à 500 exemplaires numérotés et signés, dont 450 sur papier vélin glacé, et 50 sur papier vergé de Hollande à la marque Van Gelder Zonen, d'Amsterdam, au prix de 12 fr.

Cette modeste publication étant une œuvre désintéressée, « de durs sacrifices personnels », l'auteur éprouve le plus profond regret de ne pouvoir, comme il est d'usage, l'offrir gracieusement aux personnes éminentes auxquelles il est dédié, ainsi qu'aux publicistes et à la presse quotidienne.

Il regrette également de n'avoir pu maintenir pour les acquéreurs actuels le prix de **Quatre** francs, fixé pour les seuls souscripteurs qui l'ont favorisé en temps utile de leur concours sympathique, et qu'il a l'honneur de remercier ici avec une vive gratitude.

10 *février* 1875.

N°

VICTOR-CHARLES PRÉSEAU

DESTRUCTION
DE LA
FORTUNE MOBILIAIRE
EN FRANCE
PAR LE MONOPOLE DE L'HOTEL DES VENTES

Dédié à l'Assemblée nationale et au Conseil municipal de Paris

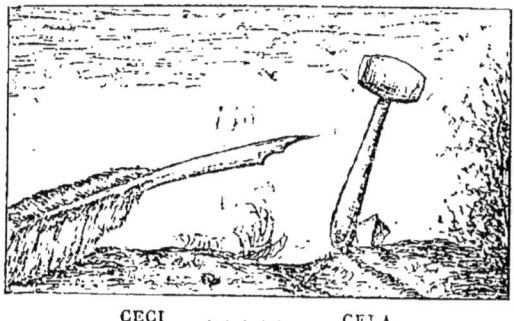

CECI ..... CELA

EN VENTE A PARIS
Chez RICHARD-BERTHIER, Imprimeur, 18-19, passage de l'Opéra
Et chez l'AUTEUR, 113, boulevard Beaumarchais

1er mars 1875
Reproduction interdite

RÉPONSE

aux critiques de notre orthographe des mots : « Fortune MobiliAIre ».

On lit, sur le fronton d'un édifice trop connu, ces mots, en lettres d'or (dédorées) :

HÔTEL DES VENTES MOBILIÈRES.

Je ne suis pas tellement myope que le détail de cette inscription n'ait frappé mes yeux.

Ancien imprimeur et correcteur, un peu puriste par métier, je trouve cette inscription irréprochable... à son point de vue.

Mais tel n'est point le mien.

Nous avons en typographie un Code grammatical et orthographique, en quelque sorte disciplinairement suivi. Ce Code est le *Dictionnaire de l'Académie*, édition de 1835. Or, voici, tirée de ce dictionnaire, tome II, page 214, la définition des deux formes de l'adjectif en question :

« MOBILIAIRE. Adjectif féminin. Qui consiste en meubles, ou
« qui concerne cette nature de biens. *Propriété, richesse mobi-*
« *liaire. Contribution, imposition mobiliaire.*

« MOBILIER, ÈRE. Adjectif. Terme de jurisprudence. Qui est de
« la nature du meuble. *Les biens mobiliers de cette succession. Les*
« *effets mobiliers. D'après le Code civil, les rentes constituées, les*
« *effets publics, les intérêts dans les entreprises de commerce, etc.,*
« *sont des biens mobiliers.*

« *Succession mobilière.* Succession ou portion de succession qui
« consiste en meubles. *Héritier mobilier,* celui qui hérite des
« meubles. »

a.

S'il y a deux formes distinctes du mot, il y a forcément deux nuances du sens.

Je n'ai pas voulu dire au sens propre, juridique, comme dans l'inscription ci-dessus, que le mot *fortune mobiliAIre* exprimât le prix de la matière même des objets mobiliers, mais, bien au contraire, leur valeur de convention, celle de prisée ou d'inventaire.

Précisons par un exemple ces deux formes de la valeur d'un même objet.

Le bouclier d'Alexandre le Grand, si on le retrouvait par fortune, pourrait valoir intrinsèquement, en le supposant de bronze, une quinzaine de francs. Artistiquement et archéologiquement authentiqué, il vaudrait certes 200,000 francs. C'est ce dernier sens, le sens relatif, que j'attribue au mot *mobiliAIre*, comme il est écrit au titre de ce livre.

L'Académie donne cette citation : *Richesse mobiliaire*. C'est le sens dont je m'empare, car j'eusse pu écrire *richesse* aussi bien que *fortune*.

Il m'eût semblé absurde de dire au propre que, quand on vend en certain lieu du diamant pour du strass, de l'or pour du cuivre, un véritable Corrége pour une copie, un cadre sculpté pour un cadre en pâte, etc., etc., on a détruit l'objet matériel. C'est ici seulement sa valeur représentative à l'actif social qui est en jeu; et c'est ainsi que, selon moi, il faut considérer l'immense gaspillage d'objets précieux et la destruction de richesses qui s'accomplit tous les jours sous nos yeux.

V. P.

TABLE DES MATIÈRES

	Pages.
Avant-propos.	ix
Introduction.	xv
Chapitre I. — Le commerce des objets d'art	1
— II. — L'Hôtel des ventes. — i. Considérations générales. — ii. Le public. — iii. Les experts. — iv. Les crieurs. — v. Les commissionnaires	17
— III. — Un peu d'histoire. — Illégalités flagrantes. — Curieux tripotages	39
— IV. — La voie douloureuse. — Inquiétudes du commerce.	47
— V. — La lessive en famille. — Vérités accablantes. — Preuves sans réplique	71
— VI. — De la liberté des ventes. — Ce que coûte la servitude.	83
— VII. — Les preuves abondent. — Le bât au baudet.	95

Chapitre	VIII.	— Le Pactole. — Bénéfices réalisés par les commissaires-priseurs	103
—	IX.	— Le Pactole coule toujours	110
—	X.	— Le doigt de Dieu	115
—	XI.	— Les syndicats	119
—	XII.	— Un danger nouveau	139
—	XIII.	— Projet d'adresse à l'Assemblée nationale	147
—	XIV.	— Conclusion	153

AVANT-PROPOS

« Non, nous n'avons plus rien de notre antique flamme,
Plus de force au poignet, plus de vigueur dans l'âme!
. . . .
Et quand parfois au cœur il nous vient une haine,
Nous devenons poussifs, et nous n'avons d'haleine
Que pour trois jours au plus! »

Rien ne pourrait mieux s'appliquer à la situation actuelle que ce jugement rigoureux porté par un grand poëte sur ses contemporains.

D'un côté, il me semble entendre ce langage, tenu par la masse des faiseurs, des endurcis ou des indifférents :

« Que me font à moi, public, — marchand

« ou autre, — les récriminations intéressées
« de la masse des commerçants contre le mo-
« nopole des gens de l'Hôtel Drouot?

« Guerre de boutique!

« Ils ne s'échauffent tant contre la tyrannie
« de l'exploitation que parce qu'elle les em-
« pêche de m'imposer la leur. La salle des
« ventes me distrait et m'amuse : ce n'est pas
« à dédaigner par le temps qui court. Je m'y
« instruis de la valeur des choses, des marées
« de la vogue, du caprice et de l'engouement.
« Je m'y forme même assez vite pour devenir
« promptement un habile marchand *in parti-*
« *bus infidelium*. Qu'est-ce que le commer-
« çant patenté après tout? Un intermédiaire
« parasite entre le vendeur et moi, un gêneur
« qui m'empêche souvent de profiter des oc-
« casions. Périsse le marchand! Son infortune
« ne me touche pas. Que les habiles d'entre
« eux se fassent experts ou pourvoyeurs de
« l'Hôtel. Le reste, avec le public exploité, à
« la fosse commune!

« Alors, j'aurai mes coudées franches à la
« salle.... »

Passion aveugle et sophistiquée que tout cela, n'est-ce pas ?

Je dirai plus : erreur capitale !

Il sera démontré que la concentration sur un seul point de tous les objets précieux à vendre tourne au profit exclusif des puissants et des habiles, au détriment de la masse des véritables intéressés.

Il sera démontré au législateur, — aux économistes inattentifs, — que le jeu normal de « l'offre et de la demande », pierre angulaire de notre Code commercial et de la liberté des transactions, est enrayé par l'existence d'un monopole revêtu d'un caractère légal ;

Que ce jeu régulier de la liberté est continuellement faussé et violenté par l'action, patente ou cachée, du monopole, de ses agents, parasites et de ses auxiliaires ;

Que l'encan, comme il est pratiqué aujourd'hui, élève outre mesure certaines valeurs mobilières en dépréciant hors de toute raison le plus grand nombre des autres, ce qui contribue à la ruine générale des détenteurs ;

Que le goût naturel d'un public éclairé pour

les objets de bon aloi se trouve vicié par les courants factices mais puissants créés par les spéculateurs de l'enchère au profit du faux-rare, du médiocre même, et trop souvent d'une frivolité sensuelle et déshonnête.

Mais, d'autre part, une autre voix, celle de la Raison dévouée et courageuse, sans doute, se fait entendre et me dit :

« Autour de toi, ce ne sont que plaintes, récriminations contre tels ou tels abus, tels ou tels empiétements, et découragement profond.

« Le pouls et le moral du malade baissent.

« Hâte-toi d'agir, vole au secours de la France artiste et commerciale, avant d'avoir à répéter le mot de Bossuet : *Madame se meurt... Madame est morte !* »

Je disais naguère à propos des mêmes maux :

« Apôtre du bien, ennemi inébranlable des abus et de l'iniquité, on me retrouverait au besoin, le moment venu, prêt à rentrer en lice, aussi ferme, aussi ardent que jamais. »

Ce moment est venu.

Aucun mobile d'intérêt personnel ne m'anime, aucun souffle d'orgueil ne gonfle ma voile.

Mais, irrésistiblement possédé de l'ambition de réduire le monstre, ou du moins d'y contribuer, je lance cette bouée de sauvetage :

Le « cahier de doléances » du commerce d'art parisien.

V. PRÉSEAU.

2 février 1875.

INTRODUCTION

Quand un pays a traversé, comme le nôtre, huit siècles de civilisation, il existe à l'état disponible, en mille lieux différents, une multitude d'objets divers ayant une valeur indépendante de celle de la matière dont ils sont formés, ou susceptibles d'en acquérir une.

Un objet d'art quelconque, outre sa valeur intrinsèque, comme morceau de bois, d'ivoire, de métal, de toile, de parchemin, de papier, possède une valeur relative, due à son degré de mérite, à son intérêt historique en même temps qu'à sa rareté.

Le rôle social de l'amateur et du marchand antiquaire est de discerner cette seconde valeur, — en général de beaucoup supérieure à la première, — de la mettre en évidence, de la faire accepter, et d'apporter ainsi un profit nouveau à l'actif de la fortune générale du pays.

Celui qui, d'un bouquin près d'être abandonné à la pourriture ou mangé par les rats, d'un bijou remarquable destiné au creuset, d'un objet en fer sculpté oublié dans la vieille ferraille, d'une faïence ancienne livrée aux usages domestiques, a fait une relique de prix, digne d'orner un riche cabinet, un dressoir ou les vitrines d'un musée, celui-là a, sans conteste, apporté un élément nouveau à la richesse nationale. Il a été, dans le sens absolu du mot, créateur d'une valeur nouvelle, agent de progrès et de civilisation. C'est par son fait un trésor enfoui en terre ou enseveli au fond de l'Océan qui reparaît au jour et entre dans la circulation.

Par contre, tout individu, toute bande noire ou bande grise, — corporation, compagnie, association momentanée ou permanente de spéculateurs, — qui, en vertu d'un mobile quelconque, — renvoie une série d'objets classés au point de vue de la valeur relative dans le domaine des matières premières à transformer, — c'est-à-dire dans le domaine de la valeur intrinsèque, — fait œuvre de destruction de valeur, de destruction partielle de la fortune générale.

Ce double phénomène de physiologie sociale, de la création et de la destruction de la valeur extrinsèque des choses, s'accomplit à toute heure, sans interruption, sur la surface de la France.

Dans les lieux éloignés des grandes villes, où les amateurs sont rares ou manquent tout à fait, où les brocanteurs et les marchands de curiosités sont inconnus, la destruction dont il s'agit a été très-active et est encore fréquente. Tous mes lecteurs ont en mémoire des faits à l'appui de mon dire. J'ai connu un amateur distingué de province auquel, grâce à sa notoriété de haut fonctionnaire du département et de conservateur du musée de la ville, on apportait d'un rayon de dix lieues des faïences précieuses livrées avant lui comme jouets aux enfants. Les plus belles pièces de son admirable collection ne lui ont ainsi jamais coûté plus de six francs.

Là où il n'y a pas de marchand, la destruction est imminente. Le rôle du collectionneur y est presque impossible. Il n'est jamais avisé à temps des bonnes occasions, ou bien il est distancé en certains cas par les voyageurs de Paris ou les pourvoyeurs de ventes montées qui font battre la caisse dans toutes les communes.

Dans les grandes villes les amateurs se pourvoient plus facilement que les marchands eux-mêmes. Le « déclanchement » ou changement de toquade (qu'on me passe ces mots techniques et vulgaires, mais sans équivalents dans la langue académique) s'y produit moins vite qu'à Paris, ce qui épargne à l'actif social une certaine destruction de richesses classées.

Les vicissitudes du temps, avec les causes multiples de destruction qu'il amène, n'ont guère épargné les objets précieux et les chefs-d'œuvre des siècles passés. Une destruction immense et aveugle a été le résultat fatal de la révolution de 93, comme, sur de moindres proportions, à l'époque des guerres civiles et religieuses du XVIe siècle. D'innombrables trésors de la science, de l'histoire et de l'art ont péri avec les institutions, les abus et les corruptions dont aux yeux d'une foule ignorante et passionnée ils semblaient les symboles et les complices.

Il n'était pas besoin d'ailleurs de tant d'acharnement et de colères pour anéantir les reliques du passé. Le dédain suffisait. Les œuvres précieuses, abandonnées aux intempéries du climat ou à l'incurie de possesseurs ignares, sont bientôt détruites par les chocs, la rouille, l'humidité, la poussière, les insectes, l'action du soleil ou bien une absurde utilisation ou une inepte restauration.

L'œuvre utile du véritable amateur ne consiste pas seulement à retrouver, à recueillir, à classer les choses intéressantes, mais, par une habile restauration, par des soins vigilants, de les mettre dans un état tel qu'elles acquièrent des conditions de durée indéfinie.

Le rôle utile du collectionneur ne se borne pas même à l'acte du sauvetage et au soin de la conservation. L'amateur devient ensuite le metteur en lumière, le conférencier intime, des trésors qu'il a découverts.

Chacun n'a pas le loisir de parcourir les musées, les bibliothèques publiques de l'Europe ou seulement de Paris, pour y copier ou même y examiner d'une façon approfondie les objets qui l'intéressent. Les véritables amateurs, les grands collectionneurs, les marchands experts du siècle dernier, Basan père, Caylus, Crozat, Julienne, Lalive de Jully, Lorangère, Mariette, Randon de Boisset, — et même des amateurs de nos jours, ont rendu à ce point de vue des services considérables aux arts et aux lettres. Des catastrophes récentes nous ont prouvé que les collections privées ont leur bon côté et qu'il n'est pas toujours prudent de concentrer les archives ou les originaux précieux dans les monuments et les dépôts de l'État.

De la multitude des causes de destruction, de l'accaparement incessant par les collections publiques et par les acheteurs étrangers, résulte la rareté.

Cette rareté des œuvres du passé, consacrées par le jugement des siècles, est une qualité de première importance au point de vue de la valeur. C'est pourquoi, — si l'on ne tenait compte de l'action prépondérante du charlatanisme et de l'engouement, — il serait difficile de s'expliquer qu'on accorde la même valeur vénale qu'à un tableau du Titien, de Velasquez ou de Teniers, à un paysage d'un maître, éminent sans doute, mais mort d'hier et dont les productions, n'ayant éprouvé aucune chance de destruction, ne sont pas rares, dans l'acception correcte du mot.

L'amateur studieux, le chercheur, le collectionneur est la racine, le véritable fondateur des richesses d'art comme d'une partie des développements intellectuels d'une nation.

On me citerait à peine un musée qui n'ait eu pour noyau et pour origine une ou plusieurs collections de particuliers. De même, on citerait difficilement une collection particulière qui n'ait eu pour point de départ des acquisitions faites chez un marchand ou même un brocanteur.

Les musées, d'ailleurs, ne correspondent pas complétement aux exigences actuelles de l'étude et du savoir. Il y a de nombreuses, de graves lacunes dans ceux même qui ont la prétention d'embrasser l'histoire complète de l'art. La facile démonstration de cette thèse, inutile pour les hommes compétents, m'entraînerait trop loin. Ce que je puis dire, c'est que les collections publiques ne suffisent jamais à l'instruction complète sur telle spécialité déterminée. Plusieurs des grands amateurs de Paris sont plus riches en certaines classes très-importantes que le Musée du Louvre ou la Bibliothèque nationale. La famille des barons de Rothschild est mieux fournie en émaux précieux, par exemple, que les collections de l'État; M. Firmin Didot a une plus belle série de manuscrits à miniatures que la Bibliothèque nationale; M. Thiers a, dit-on, un plus bel œuvre de Rembrandt que le cabinet des estampes; M. le duc d'Aumale, de plus beaux Ingres, Decamps et Delaroche que le Louvre.

La main de l'amateur, précédé ou secondé par le marchand, se retrouve partout où il y a un grand pas accompli dans l'extension de nos richesses artistiques et intellectuelles. Nos collections nationales ont grandement à se féliciter que les Jabach, les Mazarin, les Sauvageot, les Campana, les d'Hennin, les Lacaze, aient fait explorer ou dévalisé eux-mêmes les boutiques des antiquaires et des brocanteurs pour former les collections inestimables dont elles se sont enrichies.

Au temps de Louis XIV on appelait un *curieux* ce que nous nommons aujourd'hui un *amateur,* et le nom de *curiosité* s'appliquait à la passion du curieux plutôt qu'à l'objet même de cette passion :

« La curiosité, dit La Bruyère, n'est pas un goût pour ce qui est bon et ce qui est beau, mais pour ce qui est rare, pour ce qu'on a et que les autres n'ont pas; ce n'est pas un attachement à ce qui est parfait, mais à ce qui est couru, à ce qui est à la mode; ce n'est pas un amusement, mais une passion, et souvent si violente, qu'elle ne cède à l'amour et à l'ambition que par la petitesse de son objet. Ce n'est pas une passion qu'on a généralement pour les choses rares et qui ont cours, mais qu'on a seulement pour une certaine chose qui est rare et pourtant à la mode. »

Rien n'est sensiblement changé depuis deux cents ans dans ce qu'a si finement observé le spirituel moraliste du grand siècle, et ce portrait sera peut-être aussi ressemblant dans cent, dans deux cents ans, qu'il l'est aujourd'hui.

Mais cette particularité indélébile du caractère de l'amateur, ou plutôt de la majorité des amateurs, ne suffira pas seule à expliquer l'étendue des marées de la mode en matière de curiosité.

Voici comment La Bruyère tourne ensuite en ridicule l'amateur d'estampes :

« *Damocède* (c'est-à-dire l'abbé de Marolles) vous étale et vous montre ses estampes. Vous en rencontrez une qui n'est ni noire, ni nette, ni dessinée, et d'ailleurs moins propre à être gardée dans un cabinet qu'à tapisser un jour de fête le petit pont ou la rue neuve : il convient qu'elle est mal gravée, plus mal dessinée ; mais il assure qu'elle est d'un Italien qui a travaillé peu, qu'elle n'a presque pas été tirée, que c'est la seule qui soit en France de ce dessin, qu'il l'a achetée très-cher, et qu'il ne la changerait pas pour ce qu'il y a de meilleur. J'ai, continue-t-il, une sensible affliction et qui m'obligera de renoncer aux gravures pour le reste de mes jours ; j'ai tout Callot, hormis une seule qui n'est pas, à la vérité, de ses bons ouvrages, au contraire, c'est un des moindres, mais qui m'achèverait Callot ; je travaille depuis vingt ans à recouvrer cette estampe et je désespère enfin d'y réussir ; cela est bien rude. »

La pointe d'amère raillerie décochée à froid par La Bruyère à l'adresse de l'abbé de Marolles ne me touche pas, ou plutôt elle m'afflige, venue d'un homme qui passe pour un grand esprit.

Voilà ! On a fait une revue des travers des hommes de son temps, on veut être complet, on croit qu'on peut parler beaux-arts aussi doctement que littérature, et l'on découvre un bout de la longue oreille.

Je lis page VI de l'opuscule précieux de M. Duchesne aîné, intitulé : *Description des estampes exposées dans la galerie de la Bibliothèque impériale*, Paris, 1855, in-8 :

« Colbert, à qui la France doit tant de reconnaissance pour la protection accordée par lui à tous les établissements utiles, Colbert, au moment même où il venait de transporter la bibliothèque de la rue de la Harpe dans la rue Vivienne, voulut encore y joindre une richesse à laquelle on n'avait pas songé jusqu'à lui : il fit acheter pour le roi, en 1667, la collection d'estampes de l'abbé de Marolles, dont le catalogue avait été publié l'année précédente. *Ce fut là l'origine du Cabinet des estampes actuel.* Cette collection se composait de QUATRE CENT QUARANTE VOLUMES CONTENANT PRÈS DE CENT VINGT MILLE ESTAMPES. Elle a été payée 26,000 francs. »

Lisez bien ; il n'y a pas d'erreur typographique : 26,000 francs.

Eh bien, cette collection du bonhomme *Damocède*, — dont La Bruyère nous trace plus haut le si piteux portrait, — dont la France s'est enrichie par les soins de Colbert, pour 26,000 francs, cette collection qui a été le noyau principal de notre Cabinet des estampes, le plus beau de l'Europe, vaut aujourd'hui plus d'un MILLION ET DEMI, deux millions peut-être !

Je ne crains pas que MM. Henri Delaborde et Georges Duplessis contestent mon estimation comme exagérée.

Qu'était-ce, en réalité, que ce niais de Damocède, ou plutôt Michel de Marolles, abbé de Villelouin ? Le plus fin, le plus sagace, le plus enthousiaste des connaisseurs et des amateurs de son temps.

Son catalogue, qu'il a rédigé lui-même, est un chef-d'œuvre de bonhomie, de finesse et de goût. Ses portefeuilles fourmillent de pièces d'une beauté ravissante, d'une rareté insigne, quelques-unes même introuvables. Notez qu'il avait acquis pour mille louis, dit encore M. Duchesne, ce qu'il avait trouvé de plus rare et de plus beau dans le cabinet d'un amateur délicat, Jean de Lorme, médecin de la reine, afin d'en augmenter le sien.

Eh bien, — ombre du bon abbé de Marolles, entendez-moi : — Vous avez, par un travail difficile et assidu de quarante années, au prix du sacrifice de votre fortune, enrichi votre pays, notre France, d'un trésor de plusieurs millions ; vous avez sauvé une foule de merveilles qui sans vos soins sans doute seraient aujourd'hui perdues. Je vous trouve beau, je vous trouve grand. — *Damocède,* je vous trouve supérieur à La Bruyère, d'un génie plus étoffé que celui du promoteur des neuf éditions originales d'un même livre en huit ans !

Mais, grâce à la finesse de style du moraliste, — et aux belles reliures de Trautz, de Lortic, de Thibaron qui le parent aujourd'hui, — l'éreintement de *Damocède* vivra plus longtemps que le catalogue de Michel de Marolles, que celui de l'aimable et savant Duchesne aîné, et à coup sûr que l'humble protestation que je me permets ici.

En attendant, je vous invite, messieurs les écrivains caricaturistes et figaristes, — si vous n'avez le talent de La Bruyère, — d'y regarder à deux fois avant d'exercer votre verve facile aux dépens des amateurs et des collectionneurs sérieux.

Ce qui d'abord pourra vous apparaître comme excentricité pure, enfantillage, folie douce, vous serez amenés forcément peut-être un jour à l'envisager comme une merveille d'intuition, un acte de véritable divination scientifique.

Les exemples de la fécondité du génie des amateurs et même du marchand ne me manqueraient pas. J'en prends deux au hasard.

Qui, parmi les lecteurs des affiches de ventes, connaît le nom de M. Boucher de Perthes, d'Abbeville ? C'est pourtant un excellent amateur de tableaux, — à ses temps perdus.

Mais il a un bien autre mérite, celui de premier collectionneur de..... silex. En 1841, il y a trente-quatre ans, il annonça que l'on découvrait en grand nombre des silex taillés par un travail humain, concurremment avec les ossements des grands pachydermes antédiluviens, dans les sables *quaternaires* de la vallée de la Somme. Cette découverte, appuyée d'une collection déjà nombreuse, renversait les idées reçues jusqu'alors touchant l'époque de l'apparition de l'homme sur la terre. De 1847 à 1857 il fit paraître deux volumes in-8 avec figures, intitulés : *Antiquités celtiques et antédiluviennes. Mémoire sur l'industrie primitive et les arts à leur origine.* — Un travail sur les arts dans la période qui a précédé le déluge ! C'était drôle, n'est-ce pas ? Aussi en rit-on beaucoup... en France.

Mais les savants de l'étranger ne rirent pas et commencèrent des fouilles. En France, en 1860, l'infatigable M. Lartet découvrait la curieuse grotte d'Aurignac (Haute-Garonne), qui renfermait les restes d'un repas funèbre dans lequel les habitants primitifs de la contrée, — des Gascons par conséquent, — avaient mangé un jeune *rhinocéros* (je dis bien rhinocéros). C'est alors que s'inaugura l'étude des dépôts ossifères des cavernes.

L'histoire des arts des âges de la *pierre taillée* et de *la pierre polie* était déjà si avancée, en 1867, que son exposition (à laquelle avaient concouru la France, l'Angleterre, l'Allemagne, le Danemark, la Suède, la Russie, l'Espagne, l'Italie, la Grèce) occupait une salle à part de *l'histoire du travail* au palais du Champ de Mars. Cette reconstitution merveilleuse de l'histoire de l'homme antéhistorique ne fut pas la chose la moins admirée de cette mémorable exposition universelle.

Ce n'était rien de découvrir tant et de si précieux vestiges de la présence, à *l'âge du renne*, de l'homme à l'état de civilisation rudimentaire, mais déjà artiste et ingénieux, dans plus de trente de nos départements ; la science de nos collectionneurs devait aller plus loin.

En 1853, la baisse extraordinaire des eaux du lac de Zurich permit d'observer des vestiges d'habitations sur pilotis qui paraissaient remonter à une très-haute antiquité. M. F. Keller ayant appelé l'attention sur cette découverte, on explora d'autres lacs et particulièrement ce charmant lac du Bourget en Savoie, qui mérite par sa beauté d'avoir inspiré à Lamartine sa belle méditation intitulée : *le Lac*. Ces investigations, auxquelles demeure attaché le nom de M. Frédéric Troyon, firent découvrir plusieurs de ces villages lacustres, dont les habitations, nommées palafittes, étaient construites sur une vaste plate-forme à distance de la rive. Un dragage minutieux des lacs sur l'emplacement de ces habitations, qui avaient subsisté pendant bien des siècles, fit retrouver dans les unes des outils de pierre polie ou d'os, dans d'autres des poteries, des ustensiles en bronze et même en fer, métal dont l'usage détermine encore une période nouvelle dans la marche des inventions humaines. Disons en passant que ces outils et ustensiles sont exécutés avec une ingéniosité surprenante, et que les suggestions de la coquetterie féminine ne tiennent pas la moindre place dans les préoccupations de l'art antéhistorique.

La chaîne de l'histoire des habitants de notre sol antérieurement à l'époque des Celtes et des Gaulois se trouvait donc renouée jusqu'aux temps historiques. (Voir le beau travail de M. François Lenormant intitulé : *les Monuments de l'âge de pierre*, dans la *Gazette des Beaux-Arts*, t. XXIII, p. 499.)

Cette digression avait pour but de m'amener à poser la question économique suivante :

Combien pouvaient valoir, sur le marché de la curiosité, avant les découvertes des savants amateurs dont j'ai parlé, ces haches en silex, en serpentine, en néphrite, en obsidienne, ces armes informes, ces os taillés dont se servaient nos arrière-ancêtres pour se défendre contre les plus effroyables animaux ; même ces fragments sculptés en bois de renne appartenant aux deux premiers âges de l'homme, ces bijoux, ces peignes, ces colliers, ces poteries du second et du troisième âge ?

Rien absolument ou bien peu de chose. Un cantonnier de grande route aurait haussé les épaules si un promeneur se fût amusé à les ramasser devant lui.

Si en 1841 la collection de M. Boucher de Perthes eût été envoyée au plus savant des commissaires-priseurs de Paris, et que celui-ci eût assemblé tous les experts alors attachés à l'Hôtel, quelqu'un dans cet aréopage eût-il consenti à coter la collection entière à cent francs ? J'en doute.

Eh bien, quelques-uns de ces objets, tels que le manche de poignard en corne de renne, trouvé dans la grotte de Laugerie-Basse (voir la gravure, *loc. cit.*, p. 507), les *graffiti* représentant un renne, un mammouth, et même un personnage, exécutés sur de la corne, de l'os ou de l'ivoire et trouvés également en France, valent aujourd'hui deux, trois ou quatre cents francs, et nombre de ces menus objets, une fois la provenance bien constatée, valent de vingt à cinquante francs.

N'y a-t-il pas là une production considérable de valeur relative apportée à l'actif social de la France et des autres nations par l'œuvre du collectionneur et du savant?

Je pourrais appliquer en partie ces réflexions aux plombs historiés trouvés dans la vase et les boues de la Seine, recueillis par M. Arthur Forgeais, — un marchand érudit, — et réunis en une collection acquise par l'empereur Napoléon III pour être annexée au Musée de Cluny. L'ensemble de ces pièces présente un enseignement historique et archéologique d'une haute importance, et plusieurs de ces objets, tels que ceux qui se rapportent à certaines corporations ou bien à Jeanne d'Arc, ont une valeur assez élevée, malgré l'infimité de la matière et la rudesse de l'exécution.

Un autre marchand studieux, M. Claudin, libraire antiquaire, a découvert nombre de premières impressions des villes de France qui eussent passé inaperçues sans ses recherches, et il a augmenté la valeur de ce genre de curiosités. Il est en voie de réunir une collection très-nombreuse d'*ex-libris* qui éveille déjà l'attention des curieux et des bibliophiles. Ces marques d'amateurs, qu'on détruisait naguère, valent aujourd'hui de 1 franc à 20 francs.

Les marques typographiques, qui valaient deux sous avant M. Silvestre, — autre libraire, qui a consacré à cette série vingt ans de loisirs, — sont poussées aujourd'hui de 2 à 100 francs selon leur importance et leur rareté.

Toujours, toujours création de richesses par le fait de l'amateur et du marchand curieux.

Parmi les choses anciennes de prix, j'en vois encore un certain nombre qui échappent à la compétence des commissaires-priseurs, ainsi que de leurs experts habituels. Ce sont :

Les manuscrits anciens et particulièrement en langues orientales ; les papyrus ;

Les produits des fouilles de Pompéi ; d'Herculanum, de la Sicile, de la Grèce et de l'Orient ;

Les vases italo-grecs dits vases étrusques, les terres cuites antiques, etc. ;

Les bronzes et les statues antiques ; les pierres à inscriptions ;

Les costumes, armes, objets divers provenant de lointains voyages ou d'expéditions scientifiques ;

Les collections de minéralogie, de zoologie, etc.

Dame ! bien qu'on soit licencié en droit, on n'est pas tenu de tout connaître et de tout savoir, et l'on a d'autres préoccupations.

Ne pourrais-je à ce sujet former le vœu qu'une fois la liberté des ventes décrétée, — c'est-à-dire dès que nous serons délivrés du joug de l'Hôtel, — les savants puissent fonder une salle particulière destinée à la vente de leurs collections et à leurs échanges, sans qu'ils aient à subir les frais exorbitants des officiers ministériels et sans qu'on ait le droit de leur imposer de prétendus experts qu'ils seraient le plus souvent tentés de répudier ?

— XXXVII —

N'y aurait-il pas là une source de profits sérieux pour les savants, si dignes d'égards et d'intérêt, une compensation partielle de leurs sacrifices, soit qu'ils tirassent parti de leurs propres collections, soit qu'ils fussent rétribués comme experts à ces ventes?

Ne vous est-il pas arrivé une fois, comme à moi, de sortir d'une vente importante de l'Hôtel l'esprit chargé de doutes et le cœur serré?

Voici le fait :

La salle était comble. J'aperçois dans un coin en arrière de l'estrade du commissaire, le regard plongé sur leur catalogue, des hommes graves, connus par des travaux importants sur différentes branches du savoir, attirés là par l'espoir de conquérir, — même au poids de l'or, — un objet convoité pendant une longue carrière. J'observais l'un d'eux. On touche au numéro, objet de sa secrète angoisse. Son regard se trouble, le crayon frémit entre ses doigts. Ce lot tant désiré lui coûtera-t-il la valeur d'une action de chemin de fer ou bien une, deux années peut-être de son revenu? Qu'importe, il le lui faut.—Vous saurez tout à l'heure pourquoi il le lui faut. — Enfin, voilà les enchères parties. Mon amateur a pris une résolution terrible... La Bibliothèque est distancée ; l'acheteur connu d'un millionnaire se tait, l'ami d'un prince, amateur renommé pour sa munificence, a baissé la tête en faisant le signe négatif...

Le précieux volume va donc appartenir à mon digne érudit ! Mais à quel prix, bon Dieu !

Tout à coup un jeune élégant, à la poursuite d'une émotion et d'une belle pose, reprend la balle au bond. L'action se ranime. Le commissaire-priseur bondit, se dresse sur les pointes, la barbe hérissée, le regard en flamme, dans l'attitude de Condé jetant son bâton de maréchal dans les rangs ennemis.

Le jeune homme, calme, souriant, heureux de l'attention sympathique dont il est l'objet, profite de l'ahurissement, de l'épouvante de son adversaire. Il enchérit par bonds de deux, de trois, de cinq cents francs à la fois. Le marteau du commissaire-priseur voltige, pareil à l'archet satanique de Strauss. La galerie est dans l'extase et il s'en faut de peu qu'on n'applaudisse le « divin » jeune homme. Assurément le *Figaro* en parlera demain.

Deux minutes de cette lutte et c'est fini. On passe une carte au commissaire-priseur, un nom est chuchoté à voix basse ; mais ce n'est pas celui de mon pauvre érudit. Et cependant, ce livre, il le lui fallait. Depuis sa première jeunesse, il s'est voué à l'étude des origines de la langue française; il a repris l'œuvre de Du Cange et des bénédictins de Saint-Maur. Il a parcouru toutes les bibliothèques de la France et de l'étranger à la poursuite d'un bon glossaire latin-français antérieur à la seconde moitié du quinzième siècle, d'un dictionnaire complet, pourvu des locutions scientifiques et techniques, développé et étendu. Il a constaté qu'il n'existe que des fragments plus ou moins sommaires et informes.

Mais ce volume introuvable, cette mine de documents grâce à laquelle il mettra le sceau à ses recherches déjà couronnées d'un prix de l'Institut, qui lui assurera un fauteuil à l'Académie des inscriptions, l'immortalité des Montfaucon, des Mabillon et des Du Cange, ce livre, le voilà. On vient de l'adjuger.

C'était cet énorme manuscrit dû au travail séculaire d'une abbaye entière de moines augustins, relié en bois et pesant 25 kilos.

Ah! comme notre amateur eût accepté bien vite, contre le sacrifice de mille écus sur ses revenus, la permission de le copier tout entier de sa main en une année et d'en doter la science!

Mais non, c'est impossible. Le possesseur ne le permettra pas : ce serait anéantir la *rareté absolue* de son trésor.

Ce livre unique, je sais ce qu'il est devenu. Mais ce que je sais aussi, c'est que son propriétaire actuel n'en tirera jamais rien.

Oh! qu'elles sont odieuses à mes yeux les brutalités de l'encan! Combien parfois m'apparaît mesquin le rôle de ce triomphateur de l'estrade, de ce remueur de sacoches et non de grandes passions et de nobles idées!

Combien de temps encore dois-tu affliger mon regard, navrant et écœurant spectacle de la victoire du portefeuille bourré de banknotes sur l'humble porte-monnaie du savant, de la victoire impie de Crésus sur le prêtre sacré de la chaste Isis!

Eh bien, je dirai à ceux qui s'extasient avec tant de complaisance sur les services rendus aux arts et aux lettres par la salle des ventes, je leur dirai : Le commerce à l'amiable est cent fois plus sain, je vous assure, que cet infernal baccarat! Je connais trente libraires à Paris, qui, en possession du fameux manuscrit, si le savant en question eût pu plaider sa cause devant eux, leur offrant les garanties sérieuses dont il dispose, le lui eussent livré immédiatement, à un prix très-rémunérateur, sans doute, mais payable à des termes convenus.

Un plaidoyer de savant, *pro domo sua*, contre la massue de Mammon, ferait, je pense, mettre à la porte de la salle celui qui se le permettrait dans une importante vacation de l'Hôtel. Le fait s'est produit pourtant une fois, — en Angleterre, — en pleine *auction*.

Laissons M. Charles Blanc nous raconter l'affaire avec sa grâce inimitable. (Voir *l'Œuvre de Rembrandt*, t. II, p. 98.)

« Le portrait de l'avocat Tolling (ou plutôt

du docteur *Petrus van Tol*), fort bien gravé d'ailleurs, est d'une si grande rareté que les connaisseurs se le disputent avec acharnement dans les ventes publiques, lorsqu'il vient par extraordinaire à s'y produire. Il me souvient à ce sujet d'avoir entendu raconter par un amateur français en réputation, qui habite Londres, qu'à la vente Pole Carew, qui eut lieu dans cette ville en 1835, il se passa une scène intéressante à propos d'une épreuve de l'avocat Tolling. A cette vente se trouvaient les plus illustres curieux de l'Angleterre..., le chevalier de Claussin, auteur d'un des *catalogues* de Rembrandt, et en même temps, les plus riches marchands de Londres.... Jamais peut-être on ne vit de plus magnifiques estampes. Presque toute la collection de Pole Carew provenait des cabinets Barnard, Haring, Hibbert, lord Bute. Le portrait d'Asselyn avec le chevalet, c'est-à-dire du premier état, fut vendu (je traduis en francs) près de 1,000 fr.; le portrait du ministre anabaptiste Anslo avait été poussé à 1,800 fr.; la pièce de cent florins venait de monter à 4,075 fr. Enfin, on mit sur table *l'avo-*

cat Tolling. C'était une épreuve admirable, presque unique, chargée de barbes, avec les bords raboteux, moins travaillée que celle du musée d'Amsterdam. Elle avait été achetée par M. Pole Carew 1,450 francs seulement à la vente de M. Hibbert en 1809. La chaleur des enchères était à son comble. Toutes les physionomies paraissaient altérées. M. de Claussin respirait à peine. Quand l'estampe passa devant lui elle avait déjà monté à 3,800 francs ! Il la prit d'une main tremblante, l'examina quelque temps à la loupe, et mit 5 livres sterling ; mais en un tour de table l'enchère s'éleva à 5,000 francs. Le pauvre Claussin était pâle ; une sueur froide ruisselait sur ses tempes. N'y pouvant plus tenir, et sentant qu'il avait affaire à quelque puissance, il essaya de fléchir le compétiteur inconnu qui lui faisait une si rude guerre. Après avoir balbutié quelques mots en anglais, « Messieurs, » reprit-il dans cette même langue qu'il parlait à peu près comme sa langue maternelle, « vous me connaissez,
« je suis le chevalier de Claussin ; j'ai consa-
« cré une partie de mon existence à dresser

« un nouveau Catalogue de l'œuvre de Rem-
« brandt et à copier à l'eau-forte les plus rares
« estampes de ce grand maître. Il y a vingt-
« cinq ans que je cherche l'*avocat Tolling*, et
« je n'ai guère vu ce morceau que dans les
« collections nationales de Paris et d'Amster-
« dam, et dans le portefeuille de feu Barnard,
« où se trouvait l'épreuve que voici. Si cette
« épreuve m'échappe, il ne me reste plus, à
« mon âge, d'espérance de la revoir. Je sup-
« plie mes concurrents de prendre en consi-
« dération les services que mon livre a pu ren-
« dre aux amateurs, ma qualité d'étranger, les
« sacrifices que je me suis imposés toute ma
« vie pour composer une collection qui me
« permît de faire des remarques nouvelles sur
« ce bel œuvre de Rembrandt.... Un peu de
« générosité, Messieurs, » ajouta Claussin
pour sa péroraison; il avait déjà les larmes
aux yeux. Ce *speech* inattendu ne fut pas sans
produire quelque sensation. Beaucoup en furent touchés; quelques-uns souriaient et racon-
taient tout bas que ce même M. de Claussin,
qui était capable de pousser une estampe à

quatre et cinq mille francs, *était souvent rencontré le matin dans les rues de Londres allant chercher deux sous de lait dans un petit pot...* Mais après un moment de silence, un signe fut fait à l'*auctionner*, une enchère fut criée et le marteau fatal tomba sur le chiffre de 220 livres (5,600 fr.)!... On sut alors seulement que l'heureux acquéreur était M. Verstolk de Soelen, ministre d'État en Hollande. »

J'allais donc médire, à l'exemple de La Bruyère, de cette terrible passion de la rareté, qui produit parfois de si funestes résultats que la désorganisation des budgets de ménage et des cerveaux les mieux équilibrés, lorsque je rencontrai un vieux marchand de mes amis, homme d'expérience et de bon sens, auquel je demandai son avis sur ce qu'on appelle, dans le style imagé du commerce, la poursuite du *merle blanc* ou du *mouton à cinq pattes*. Voici sa réponse, que je ne crois pas devoir altérer, en priant les amateurs de lui pardonner certaines irrévérences et quelques libertés d'expression.

« Je conviens, me dit-il, que l'amateur se prive

d'une foule de jouissances faciles et peu onéreuses en proscrivant complétement de son cabinet les choses bonnes, intéressantes même, mais dépourvues du mérite suprême de la rareté.

« Beaucoup de personnes ne collectionnent pas pour elles-mêmes, pour satisfaire leurs inclinations, mais, — vous me passerez le mot, n'est-ce pas? — pour *épater* les autres.

« Supposez un lettré qui passe dix années à se procurer les plus belles éditions, les meilleurs textes de tous nos bons auteurs, qu'il les fasse couvrir de bonnes et solides reliures, appropriées à la valeur relative de chacun des ouvrages; qu'il annexe ensuite à cette collection, avec discernement, les écrivains de mérite de second ordre et ensuite les meilleurs ouvrages sur des matières spéciales et les suites, mémoires, brochures, opuscules propres à jeter du jour sur toutes les questions intéressantes pour les esprits sérieux.

« Ce sera là, n'est-ce pas (toujours à supposer le travail fait en conscience et en pleine maturité de savoir) une bibliothèque exquise,

« la moelle de l'os » comme dirait Rabelais. Mon lettré aura réuni dans une chambre le compendium de tout le génie, de tout l'esprit, de tout l'effort, de toute la puissance intellectuelle d'une grande nation. Il n'est pas de bibliothèque publique qui puisse offrir condensé un pareil secours pour l'étude et l'instruction, pour le rayonnement du progrès.

« Cette bibliothèque, aussi riche que vous la supposiez, ne reviendrait pas à 50,000 francs, — 6,000 francs de moins que le duc de Marlborough a payé en 1812 en vente publique un exemplaire unique de la première édition du *Décaméron* de Boccace, Venise, Valdarfer, 1471, — mais elle exigerait une préparation de quarante ans de recherches sérieuses et d'investigations délicates.

« Mon cher ami, sachez-le, cette merveille des bibliothèques, il n'est personne, — pas même vous, — qui consente à perdre un quart d'heure pour la visiter.

« Nul n'est assez fort pour faire abstraction complète des goûts dominants de son époque, et autant vaudrait sortir en pleine rue avec la perruque de Racine sur la tête ou la fraise et le justaucorps de Michel Montaigne, que de recommencer une bibliothèque comme l'eussent entendue ces grands esprits du temps passé.

« Ne dites donc pas de mal, dans notre cahier de doléances, de la toquade de l'introuvable et du rarissime. C'est ce qui nous sauvera, — si nous pouvons être sauvés, nous pauvres hères, — d'un enlisement complet dans la lagune de l'Hôtel. Le rare, mais c'est le Mississipi du marchand qui sait jouer de son métier.

« Moi qui vous parle, j'ai mon idée. Je réunis en tapinois et à bon marché les éditions originales de Mme de Genlis, de Mme Cottin et du vicomte d'Arlincourt. J'ai déjà tout Pigault-Lebrun en éditions princeps. Ensuite j'attaquerai Victor Ducange et Paul de Kock. Je prépare ainsi, je crois, un héritage assez rondelet à mes petits-enfants.

.« J'en reviens à la poursuite du *merle blanc* par l'amateur. Il est très-friand, — qui le sait mieux que nous? — de ce gibier-là. Il lui semble l'apercevoir à l'Hôtel et il court, en toute conscience, y vider son portefeuille, à la grande jubilation de la bande noire et de la bande grise. (Vous savez ce que je veux dire.) Mais, — il est si difficile de ne pas se piquer au jeu, — on se laisse *emballer* ou bien l'on ne rapporte que des merles noirs bien enfarinés.

« Je ne prétends pas cependant qu'il n'y ait jamais apparence de votre mouton et de votre merle à l'Hôtel, que tous les commissaires aient le regard perçant de l'aigle comme M***, ou la science infuse du livre comme l'Apollon des experts. Dieu me préserve d'une pareille hérésie! On y *fait le coup* quelquefois. Savez-vous comment et à quelles conditions? Je vais vous le dire.

« Regardez bien ce petit vieux à cravate blanche (ou à peu près) qui passe là-bas. Il est étonnant de solidité et d'activité pour son âge, qui peut être fixé entre soixante-dix ans et quatre-vingt-cinq. Eh bien, mon cher ami, voilà l'homme aux bons coups, un homme qui joue de l'Hôtel comme Paganini jouait du violon.

« Le matin dès l'aube, il endosse cette redingote que vous voyez, — une amie de quinze ans, — et il va attendre au déballer, en grignotant un croissant, les tapissières qui apportent les mobiliers. Il escalade la voiture avant les commissionnaires, et il se glisse, — tant il est mince, — entre les matelas, les sommiers et les glaces, pour inspecter, le premier, les gravures, les dessins, les pastels et les tableaux. Les livres même ne lui déplaisent pas. Il se couche ensuite dans la bâche et en secoue la paille pour déterrer, palper, sonner, soupeser le vieux saxe et le sèvres. Il ne fait pas fi à l'occasion des vieux bronzes et des émaux cloisonnés. Il accompagne religieusement les objets de sa convoitise jusqu'au magasin de la salle où doit se faire la vente, et en aidant le commissionnaire à ranger les bibelots, il glisse ces objets de sa tendresse, pour les préserver de tout accident, sous une pile ou un amas de difficile accès. Puis il court aux autres tapissières recommencer le même manége.

« Comme il fait pour ainsi dire partie intégrante de l'immeuble, dans lequel il passe douze heures par jour, — qu'il est expert quelquefois, — il n'existe pas de portes fermées pour lui. Il relance les commissaires jusque dans le sanctuaire du secrétariat et sait d'avance à quelle heure sera vendue telle série qui l'intéresse. On a quelques petites condescendances, — n'est-ce pas, — pour un client universel et permanent; c'est tout naturel. Il ne fait jamais queue pour prendre place à la table : on saurait qu'il est là. Quand l'entrée par le magasin se trouve fermée, il franchit gaillardement la table au tapis vert et se blottit modestement derrière l'estrade, immobile comme Minette qui guette le passage de la souris. Quand arrive l'adjudication du *lot d'ami* (style consacré) ou du bibelot noté sur son carnet, l'enchère triomphante est sortie comme par surprise de la poche de derrière du commissaire-priseur. Le tour est fait. Psit! mon homme s'est éclipsé par le magasin.

« Vous croyez peut-être qu'il est allé avec quelques confrères célébrer le beau coup qu'il vient de faire, en dégustant un bitter gommé dans la salle réservée d'un café voisin de

l'Hôtel? Nenni. Son temps est trop précieu[x]
pour cela. Le voilà dans une des salles d[u]
bas, où il s'est glissé à travers la masse com[-]
pacte des brocanteurs, en passant entre le[s]
jambes du commissionnaire. Comme il pré[-]
texte une communication pressante à faire a[u]
commissaire-priseur, on le laisse pénétre[r]
dans le for intérieur : vous comprenez, c'es[t]
un expert. D'un air dégagé il remue le[s]
meubles, soulève les cadres pour s'assure[r]
que le merle est encore en cage. Après quo[i]
il se dissimule derrière l'estrade et l'enchère
décisive sortira tout à l'heure de la poche
gauche de l'officier ministériel.

« Il est cinq heures. Vous croyez que le fin
oiseleur va lâcher prise pour aller dîner comme
tout le monde? Pas si bête ! Il s'est envolé
comme par enchantement : c'est l'heure de
ses grands exploits. Le voilà dans la salle
n° 9 ; car il sait à quel moment précis le grand
chef d'orchestre du tableau commence à sentir
des tiraillements d'estomac. Alors, saute mus-
cade ! Il a vu le matin, — grâce à l'éponge
humide qu'il porte toujours dans son gousset,

— une jolie esquisse de maître sous crasse, il l'enlève prestement, grâce à l'enchère coupée, et il ne se retire, en se frottant le menton, qu'après six heures un quart, après avoir conquis, grâce aux hésitations des auvergnats, le lot de cadres sculptés de la fin.

« Voilà, mon cher ami, à quelles conditions on peut faire non pas de bons coups, mais quelques coups passables, quand il y a lieu, à l'Hôtel des ventes. Il faut être là toujours, partout et de plus être très-fort.

— Mais, interrompis-je, les amateurs devraient s'entendre, se cotiser.... pour faire admettre ce bonhomme-là à Sainte-Perrine !

— Chut ! me dit mon interlocuteur en me tirant à l'écart, je vois que vous n'avez pas saisi...

Et comme il baissait la voix, le bruit des voitures m'empêcha d'entendre la fin de l'explication.

« Vous comprenez, reprit-il, que ces prodiges de subtilité, de fluidité, d'ubiquité ne sont pas à la portée et du goût des amateurs, même les plus ardents. Quand on est *gentleman*, on a sa vie réglée, son hygiène et l'on ne respire pas volontiers plus d'une heure ou deux les parfums des salles de l'Hôtel : on perdrait trop vite l'appétit. Des raisons de convenance s'opposent, d'ailleurs, à la présence assidue de personnes distinguées dans certaines salles.

« Les grands amateurs n'ont pas besoin de disputer aux marchands les quelques bons coups qui se présentent de loin en loin dans les ventes après décès. Comme les diplomates du Nord, ils sont bien renseignés et connaissent le secret des coulisses de l'Hôtel. Ils n'aiment pas à se produire dans les ventes montées où l'on est trop exposé à jouer le jeu de la carte forcée. D'ailleurs, les sentiers battus leur déplaisent. Dès que tous les parvenus auront un service en japon, ils enverront le leur à l'office. Ce qui les préoccupe, c'est moins la mode d'aujourd'hui que celle de demain. Celle-ci un petit groupe la décrète et l'impose. Rappelez-vous les grands collectionneurs des deux siècles précédents, lord Arundel, le duc de Buckingham, Charles Ier d'Angleterre, le régent Philippe d'Orléans, le financier Crozat,

M. de Lorangère; se sont-ils laissé imposer les goûts de quelque bande grise? Pas le moins du monde. Ils avaient, comme Charlemagne, leurs *missi dominici* qui parcouraient l'Europe pour leur compte à la recherche des œuvres exquises et des bonnes collections. Des marchés pleins de sécurité, avec toute garantie d'authenticité et de provenance, se faisaient de gré à gré et l'on ne subissait le joug des enchères que contraint par le mérite exceptionnel ou la rareté insigne d'un objet convoité.

« Pensez-vous que Colbert eût pu acquérir pour le roi du banquier Jabach en déconfiture, pour le prix de 220,000 livres, les 101 merveilleux tableaux que vous savez de la grande galerie du Louvre et les 5,542 dessins de premier choix, s'il lui eût fallu les disputer un à un à l'encan contre tous les amateurs de l'Europe?

« N'avez-vous pas vu de nos jours le plus illustre de nos amateurs annexer à sa somptueuse collection de livres trois collections excellentes, dont, aux enchères publiques, le prix triplerait — aujourd'hui?

« Les grands collectionneurs sont donc indépendants de l'Hôtel. Ils peuvent d'ailleurs s'entendre et se concerter pour concentrer de bonne heure la crême de telle ou telle série à leur choix. Ils n'ont pas à poursuivre à outrance les choses rares et exquises : elles viennent à eux d'elles-mêmes et tout droit. Ils n'ont que l'embarras du choix, tant ils sont assaillis d'offres et de propositions.

» Ils formeront, s'ils le veulent, en silence, une série nouvelle de raretés, et quand ils ouvriront la porte de leurs galeries à deux battants, un public d'élite s'empressera d'applaudir et d'imiter.

« Je vous ai dit que la rareté nous sauverait peut-être, nous autres marchands ; j'ajoute si nous pouvons traverser une crise déjà trop prolongée.

« Quand le public qui achète sera las de se laisser *emballer* à l'Hôtel, il se souviendra que c'est chez nous qu'il a fait autrefois de bons coups. Il reconnaîtra que, la plupart du temps, nous pouvons lui procurer les objets de sa convoitise pour un prix moindre d'un tiers et quelquefois de moitié que celui des ventes notables ou des marchands en grand renom.

« C'est donc à nous de nous serrer le ventre et d'amasser, s'il se peut, silencieusement, le *dédaigné* de l'heure actuelle qui sera peut-être le *rarissime* de demain. »

Ces considérations de mon ami l'antiquaire n'ont pas laissé de faire quelque impression sur moi. N'y a-t-il pas, me disais-je, pour les amateurs d'une fortune modeste quelque imprudence à se lancer à corps perdu dans une collection faite uniquement au point de vue du jour et du moment, en consultant tous les soirs la *cote* de la salle Drouot comme un coulissier consulte la cote officielle de la Bourse? Je le crois, à moins qu'on ne nourrisse le projet d'une réalisation très-prochaine.

Il est utile de voir les choses de plus loin et de plus haut. Il est bon d'interroger l'histoire de la curiosité et de tenir compte des mouvements généraux, souvent « mouvements de totalité » qui se produisent dans le domaine des idées, de l'idéal et de l'esthétique.

L'art n'est qu'en partie l'imitation de la nature, mais cette large part d'imitation se produit à travers le prisme de la société. L'artiste transporte dans ses œuvres le reflet dominateur du gouvernement, des mœurs, de la littérature, des idées courantes de son temps. « Au XVIII° siècle, dit M. Renouvier, où la France eut un art qui lui appartient si bien, les peintres originaux, Watteau, Boucher, Vanloo, Chardin, Greuze, Fragonard et Vien n'avaient été que le miroir de la cour, des salons et des théâtres, l'écho des poëtes, des philosophes, des romanciers et des antiquaires. »

Aujourd'hui cette école du dix-huitième siècle si recommandable dans ses chefs-d'œuvre, après avoir traversé les vicissitudes les plus étonnantes, jouit d'une vogue singulière, même et surtout dans ses catégories les moins avouables.

Nous voulons des parcs de Watteau, des bergeries de Boucher, des boudoirs Pompadour, des ameublements Louis XVI, des bibliothèques composées dans le goût du duc de Richelieu, de Calonne et de Maurepas. Je ne critique point. Mais d'un autre côté, il me semble que nous organisons une société utilitaire, égalitaire, sans priviléges marqués en faveur de la naissance, du rang ou de la richesse, une société du genre de celle des États-Unis. Je crains, — ai-je tort, — qu'il n'y ait pas un accord durable entre nos prédilections intimes et nos préoccupations extérieures, celles du milieu qui nous environne, qui sont dans l'air dont nous sommes baignés malgré nous?

Est-il sûr qu'une réaction formidable n'atteindra pas, — sauf les maîtres que nous venons de citer et que l'étranger nous dispute, — les œuvres marquées au coin du dévergondage des idées et des mœurs? Croit-on réellement à l'immortalité de Choderlos de La Clos ou de Rétif de la Bretonne, ou bien à celle de Challe, et même de Baudoin?

Allons plus loin. Supposons, — hypothèse qu'on ne saurait taxer d'absurde, — que le mouvement qui depuis trente années nous emporte vers un ordre de société de plus en plus démocratique s'accentue davantage et brusquement. Est-ce qu'il n'en résultera pas une influence considérable dans le domaine du goût, une protestation de l'esprit public contre les joyeusetés et les gaillardises de l'époque de Louis XV, même contre l'art réaliste, « sans idées, sans but moral », de notre temps? Peut-être même une réaction en faveur de l'art « éducateur » de la période révolutionnaire, de cet art ayant pour but de servir d'auxiliaire puissant à « l'émancipation morale du citoyen, à l'enfantement du patriote, de l'homme libre et vertueux, » de cet art pédagogique pour lequel Prudhon et Espercieux ont dépensé le plus pur de leur éloquence (1)? Ne recherchera-t-on pas avec ardeur, à l'exclusion du reste, les œuvres des peintres de la République, David, Guérin, Girodet, Gérard, Suvée, Gros, etc., qui reposent aujourd'hui pour la plupart dans les limbes de l'oubli?

N'a-t-on pas vu, de 1789 à 1830, l'art charmant de l'école de Watteau tombé dans un dis-

---

(1) Voir Renouvier, *Histoire de l'art pendant la Révolution*, in-8, p. 1 et suiv.

crédit plus profond que celui qui frappe aujourd'hui l'école de David ? Ne savons-nous pas que des maîtres dont les productions sont couvertes d'or à cette heure, Greuze, Cochin, Moreau le jeune, Fragonard, Debucourt ont pu assister de leur vivant à l'enterrement de leur renommée, sans pouvoir pressentir leur retour posthume de fortune et le regain de popularité qui devait leur échoir quarante ans plus tard ?

Il n'y a guère d'immuabilité dans le goût du public en matière d'art. C'est donc bien à tort qu'un entrepreneur de succès artistiques a osé imprimer ces jours-ci dans une réclame que l'acquisition d'un tableau de Troyon ou de Diaz est un placement aussi solide que l'achat d'un immeuble ou d'une rente sur l'État.

N'est-il pas facile de constater des vicissitudes aussi tranchées dans le champ de la bibliophilie que dans celui des beaux-arts ? De belles éditions latines ou grecques qui, aux ventes de La Vallière, en 1767, et de Gaignat en 1769, se vendaient 800, ou 1000 livres, se paient aujourd'hui de 30 à 50 francs. Par contre, des livres français, des romans de chevalerie, par

f

exemple, vendus alors de 3 à 12 livres, sont adjugés aujourd'hui à 2,000, 3,000 francs et plus. Dans ma jeunesse, on trouvait encore sur les parapets des quais des pièces originales de Corneille, de Molière, de Racine, dans les boîtes à 25 centimes ; ces mêmes pièces s'élèvent aux enchères à 600, à 1000, à 1800 francs.

Il y a, assurément, quelque chose d'artificiel, de factice dans ces oscillations énormes de l'encan en l'espace d'un siècle. Une violence irrésistible est faite, — par l'influence et l'exemple de certains groupes actifs, — aux inspirations naturelles d'un public éclairé. La salle des ventes est un peu comme ces clubs d'exaltés où la fièvre des uns se communique rapidement aux autres. Moi qui vous parle — et qui suis bien prémuni, Dieu merci, — j'ai bien de la peine à me défendre de la contagion.

Si nos hommes d'État veulent voir renaître le culte libre et généreux des arts, il faut effacer toute trace de l'embrigadement administratif et policier du commerce, imaginé par le génie césarien et ombrageux du Premier consul.

Si, en même temps qu'à la souffrance du commerce, on veut remédier à la misère des artistes, il faut éteindre le foyer d'agiotage qui les dévore, au lieu de l'alimenter.

L'artiste sérieux, délaissé des amateurs et des spéculateurs jusqu'au moment où ses œuvres *font prime*, est destitué maintenant des commandes de l'État, qui suppléaient en partie à l'abstention de la clientèle. Les Salons annuels, — ce temple de la migraine et de la confusion, — ne suffisent pas à lui ouvrir des débouchés rapides.

Mais cet artiste modeste, — soucieux de la dignité de son caractère et de son talent, — se refuse très-souvent au trafic de ses œuvres, au brocantage de son nom, à ces affiches et annonces, à tout cet appareil charlatanesque indispensable aux faiseurs pour amener par leurs ventes les toiles d'un peintre vivant à des prix élevés. Dieu sait d'ailleurs quelles conditions l'artiste doit subir entre leurs mains!

Pourquoi, ainsi que je le réclamais plus haut pour les savants, les artistes n'auraient-ils pas une salle de ventes aux enchères, réservée pour eux, dirigée par leurs syndics, fonctionnant à leur profit, sans qu'ils aient à subir la domination écrasante et ruineuse du commissaire-priseur et de l'expert?

Je me permettrai de dire aux petits amateurs: Faites acte de virilité et de patience comme les grands collectionneurs. Ne commencez d'acquisitions importantes que quand vous serez suffisamment sûrs de vous-mêmes.

Pour échapper aux entraînements de l'agio comme aux périls du *déclanchement,* ayez l'œil constamment fixé sur les chefs-d'œuvre des sept astres de la peinture étrangère : Léonard, Michel-Ange, Raphaël, Titien, Corrége, Rubens, Rembrandt, et sur ceux de notre pléiade française, Poussin, Claude, Lesueur, Watteau, Chardin, Greuze et Prudhon.

Aucun de ceux-là n'a rien à craindre des révolutions de l'avenir ni des outrages du temps. A défaut de leurs tableaux, réunissez leurs dessins, les gravures, les reproductions.

Si, une fois votre collection commencée, vous voulez échapper à la servitude que certains experts voudraient vous imposer pour prix de leurs attestations écrites, couvrez sur vos toiles l'emplacement de la signature, — qu'il y en ait ou qu'il n'y en ait pas, — d'une petite bande de papier. Appelez alors ces experts que les riches acheteurs vous imposent, recueillez leurs dires, confrontez leurs opinions et vous serez édifiés sur la nécessité de devenir vous-même votre propre expert.

Pour ne pas se ruiner avec les tableaux il ne faut pas être exclusif et s'imaginer que tel ou tel maître ait emporté avec lui dans sa tombe tous les secrets de la peinture. Il faut accepter les arts comme ils viennent et comme ils sont. J'admire profondément le culte pour un grand maître trop longtemps dédaigné, comme celui de MM. Marcille pour Prudhon, c'est une œuvre glorieuse de restitution au génie national; mais, hors ce cas très-rare, l'exclusivisme, pratiqué grandement, est un péril grave. Les collections immenses d'un seul genre, — comme par exemple celle de M. de Soleinne pour le théâtre, — conduisent à une ruine certaine au jour de l'encan.

f

Il est bon que le millionnaire homme de goût, — et c'est un noble emploi, profitable à tous, de la fortune et du temps, — ait une demeure vaste, commode, agréable, élégamment ornée, où tout intéresse ou réjouisse son regard, telle qu'il soit dispensé de se déplaire jamais chez lui et de chercher une distraction au club ou ailleurs. Il lui faut des meubles précieux, de beaux bronzes, des porcelaines, des tableaux, des gravures, des dessins, des livres, des curiosités de tout genre. Nul ne sortira de chez lui la tête vide et sans avoir appris quelque chose.

Mais il faut pour cela au gentleman dont il s'agit une préparation personnelle qui le dispense de s'en rapporter à des experts en titre, trop souvent enclins à spéculer sur sa confiance et à ne donner jamais de conseils tout à fait désintéressés. Les grands collectionneurs d'aujourd'hui sont en même temps de grands connaisseurs. Ils ne se sont pas formés pourtant à l'Hôtel des ventes, mais bien par la fréquentation des érudits, des habiles amateurs de l'Europe, et même, le dirai-je, de certains magasins. Il en est même qui peuvent dire aussi : « Mon Institut, mon Louvre à moi, c'est ma maison. »

Je ne m'étendrai pas longtemps, en terminant cette trop longue introduction, sur la justification de mon titre : *Destruction de la fortune mobiliaire en France*. Elle découlera du rapprochement des différents chapitres du livre. Quelques remarques suffiront ici.

Le travail patient, solitaire et désintéressé de l'inventeur, du savant, de l'artiste, de l'amateur, de l'ouvrier d'art, même de l'écrivain, crée cette richesse particulière, — souvent trop fragile, — et j'ai cité plus haut plusieurs exemples, — entre cent, — de cette sorte de génération.

L'action ardente, acharnée, aveugle dans sa rapacité, du mercantilisme spéculateur, envahisseur, contrefacteur, multipliée dans toutes nos grandes villes, prostitue, saccage et détruit finalement cette richesse à peine formée.

Je prendrai pour exemple frappant de cette espèce de destruction les vicissitudes récentes de la *chromolithographie*, un art charmant que tout le monde connaît trop, hélas ! mais que peu de gens connaissent bien. C'était à l'origine un moyen merveilleux de sauver la lithographie, — cet art si français qui ne devait pas périr, — en le transformant, en lui ouvrant des horizons inaccessibles à la photographie. La perfection, les prix justement rémunérateurs d'un travail très-complexe, on devait y atteindre rapidement, si les choses eussent suivi leur marche régulière, s'il eût existé, comme jadis, une corporation jalouse de l'honneur de ses membres, sérieusement armée contre la piraterie artistique et industrielle.

Eh bien, cet art nouveau, admirable dans ses applications, qui devait populariser les chefs-d'œuvre de la peinture, qui a donné et donne entre les mains des Engelmann, des Kellerhoven et surtout des Racinet, des produits si importants pour l'histoire de l'art, d'une pureté et d'une délicatesse remarquables; cet art, qui eût pu enrichir des légions de dessinateurs et de peintres, il a été, presque à sa naissance, gaspillé, déshonoré, avili aux plus abjects usages, — boîtes de confiseurs et d'épiciers, étiquettes de bonnetiers, boîtes d'allumettes, que sais-je encore ? — par une bande infâme d'exploiteurs, de charlatans, de plagiaires éhontés.

Leurs produits innombrables, dus à des reports indéfinis, à des contrefaçons multipliées, sont si odieux à voir et l'on nous en a tellement inondés, qu'une réprobation instinctive, involontaire, s'étend sur les branches immaculées de la lithographie en couleur et que l'on rencontrerait difficilement un amateur assez courageux pour accrocher sur son lambris un *chromo* encadré.

Vous pouvez, lecteur, si vous étudiez attentivement la France, parcourir longtemps les bourgs, les villages, les petites villes même, sans rencontrer un tableau, une gravure, un cadre avouable quelconque sur les murailles des habitations ; ce n'est presque partout que le plâtre dans sa sordide nudité.

Si le commerce d'art à Paris et dans les grandes villes était mis en honneur, protégé, encouragé, au lieu d'être abandonné à la meule des monopoles, ne verrions-nous pas les murs de la moindre chaumière tapissés d'œuvres — non pas artistiques, mais intéressantes, — comme nous en voyons souvent au rez-de-chaussée de l'Hôtel, délaissées aux petits étalagistes à raison de la charge d'un homme pour 2 francs 50.

Le commissaire-priseur, qui n'opère que sur des blocs, qui n'a souci que du rendement total de l'exercice, ne se passionne que pour les morceaux d'importance, pour les ventes à gros chiffre. Les petites ventes d'artistes, de lettrés ou d'humbles antiquaires, qu'est-ce cela? Une bouchée insignifiante, un grain de mil. Elles doivent être impitoyablement bâclées, faute d'un intérêt pécuniaire suffisant.

Voyez ce qu'il advient tous les jours, dans les ventes sans catalogue, de ces mêmes valeurs de récente création énumérées au commencement de cette introduction. Tout cela se trouve confondu en un inextricable pêle-mêle dans les lots d'ustensiles de ménage, dans les brassées de papiers à la livre destinées aux échoppiers, et qu'eux seuls — *proh pudor!* — peuvent acheter.

L'attention du public studieux se porte, — cela se conçoit, — sur les catalogues raisonnés des ventes à sensation; sur les prix d'adjudication surprenants, sur les hausses inattendues. On oublie que dans ce même Hôtel, vingt fois par semaine, un marchand, un artiste, un savant, une veuve, un héritier qui devait espérer une réalisation d'actif, voit son petit avoir, houspillé comme fouillis et comme loques, à la discrétion des instincts de générosité des auvergnats et des *penailleux*.

Alerte, messieurs les experts, attention à nos salles du premier étage ! Du nouveau, du nouveau rare, des primeurs de chair fraîche et virginale pour satisfaire aux monstrueux repas de notre Minotaure !

« Mais, s'écriera quelque officier ministériel, en lisant ceci, si nous écrasons les petits, c'est la faute du temps qui nous manque et de l'étroitesse de l'emplacement. Par contre, nous enrichissons les riches. Donnez-nous, par exemple, cette collection de Jabach que vous citiez tout à l'heure et que Colbert a marchandée pour la descendre à 220,000 livres, nous en ferons 10 millions, au bas mot, et les héritiers du vendeur, si le lot leur fût resté, n'auraient pas à se plaindre. Au lieu de 220,000 livres, dix millions ! Vous voyez donc bien que nous sommes aussi créateurs de richesse. Hors de nous, pas de cote de la valeur, et, partant, pas de richesse constatable. Nous sommes le dock universel d'où tout part incessamment et où tout revient. Nous sommes le commerce et nous aspirons à être tout le commerce. Vous rêvez libre concurrence et liberté ; nous, nous sommes l'organisation et la réglementation. Nos décrets sur la valeur, tantôt favorables aux uns, tantôt funestes aux autres, ne sont pas nôtres, ce sont ceux du Public. Adressez-vous à lui. Nous sanctionnons ses arrêts sans murmure et... nous encaissons. »

Je réponds ceci sans me troubler. La valeur de la collection Jabach n'était pas la même en 1671 qu'aujourd'hui. Il se fût trouvé satisfait, lui grand connaisseur, de 463,425 livres, objet de sa demande primitive pour la partie acquise. S'il eût mis sa collection aux enchères, elle eût produit peut-être moins, vu son importance démesurée. Jabach avait en mémoire le résultat désastreux des trois ventes publiques de Charles Ier vers 1648, où il avait été lui-même un des plus heureux acquéreurs.

Si l'Hôtel des ventes, organisé comme aujourd'hui, eût existé sous Colbert (l'eût-il toléré ?) la France ne posséderait pas le musée du Louvre, formé d'achats amiables; car, dans l'état des finances d'alors, le meilleur du fonds Jabach fût passé en Espagne, en Autriche, en Allemagne ou chez de riches particuliers.

Nous n'aurions donc pas ce joyau national que l'étranger nous envie et qui a formé des milliers d'artistes distingués depuis l'époque de Louis XIV.

Ai-je besoin d'ajouter que si, par une hypothèse inadmissible, la collection fût demeurée jusqu'à ce jour entre les mains des ayants droit de Jabach et qu'elle fût mise en vente publique, l'administration des beaux-arts ne l'achèterait pas dix millions ?

L'encan, pas plus que le commissaire-priseur, n'est créateur de richesses, mais très-souvent destructeur actif des valeurs qu'on lui confie. Je me propose, si l'on me contredit, de dresser une liste de plus de cent collections intéressantes, de 1740 à nos jours, saccagées publiquement par le marteau, au point de vue de la valeur, bien entendu.

« Hors de l'Hôtel, me dit-on, pas de cote de la valeur et partant pas de richesse constatable. »

Objection spécieuse, mais fiction pure dans la pratique. Il n'est pas un amateur qui consente chez un marchand à payer le prix maximum atteint exceptionnellement dans telle vente donnée, ni un marchand qui se résigne à abaisser ses prétentions au prix minimum auquel est descendu un objet dans une vente complétement désastreuse.

Tous les amateurs ont connu l'auteur du *Manuel du Libraire*, M. J.-C. Brunet. Ennemi des excentricités de l'encan, il avait essayé, pour les livres recherchés, d'établir une sorte de prix moyen résultant d'un relevé patient des adjudications d'un même article pendant le cours d'un siècle. Cette partie de son travail, qui lui a coûté cinquante années de patients dépouillements, personne, — acheteur ou vendeur, — n'a voulu en tenir compte dans la pratique et elle n'est consultée qu'à titre de renseignement littéraire et anecdotique.

Vous dites qu'en définitive, c'est le Public qui est souverain, qui règne à l'Hôtel, et que vous n'êtes là que pour enregistrer et sanctionner ses irréformables arrêts. »

Le public vote, c'est clair, au moyen de ses enchères ; mais je ne le crois pas souverain comme vous le dites et j'essaierai, au chapitre des *syndicats*, de soulever une partie du voile qui cache le pouvoir dirigeant.

Et je montrerai qu'en dépréciant les valeurs classées et bien assises de la fortune mobiliaire au profit de nouvelles valeurs de fantaisie et de durée éphémère, en nous incitant par votre mise en scène à échanger notre or contre des assignats, vous menacez l'avenir de toutes les collections qui ne datent pas d'hier et que vous faites ainsi œuvre de destruction de la valeur.

Un journal remuant, amoureux des grandes affaires et des belles conceptions, proposait, le 13 février dernier, que la ville de Paris fît à la Compagnie des commissaires-priseurs le don gratuit d'une forte partie des terrains de l'Opéra incendié pour étendre et développer le bienfait de son institution.

C'est trop peu et je serai plus généreux. Je propose à mon tour que la Nation, pour acquitter noblement sa dette, leur donne par surcroît le Musée du Louvre et la Bibliothèque nationale.

Je soumets humblement mon idée aux Colbert de l'an de grâce 1875.

DESTRUCTION

DE LA

FORTUNE MOBILIAIRE EN FRANCE

CHAPITRE Ier

LE COMMERCE DES OBJETS D'ART

Quel Parisien, faisant partie, comme moi, de la précédente génération, ne se rappelle l'aspect du commerce d'art d'autrefois ? les étalages en plein vent, le Marché à la ferraille, la rue Saint-Germain-des-Prés, la rue de Seine, surtout le quai de l'École et la longue rangée des baraques du Louvre ?

Qu'il faisait bon alors d'être petit amateur, de se sentir possédé de la délicieuse manie de fureter et de collectionner !

Livres rares ; porcelaines du Japon, de Chine, de Saxe, de Sèvres ; bijoux anciens, manuscrits, médailles, gravures rares, tableaux de maîtres, se trouvaient là, confondus dans un amas de toutes sortes de marchandises, bonnes ou mauvaises, à des prix abordables pour le gousset le moins garni.

L'édilité parisienne n'avait pas encore imaginé les façades en pierre de taille, les alignements, le trottoir libre, la devanture close, les multiples contraventions, les règlements, les mille servitudes d'ordre public qui pèsent sur le boutiquier actuel.

Le marchand, en philosophe, prenait le temps comme il vient. Ancien soldat, ou fils d'artisan, ou paysan dégourdi, encore un peu fripier, sachant tout au plus signer son nom, il ne mettait pas grand'malice dans sa façon de traiter les affaires. Guidé par l'instinct, la routine, ou par la toquade,—car la toquade a toujours tenu une belle place dans le royaume de brocante, — il achetait à bon marché chez ses obscurs clients et revendait tout de suite avec un léger bénéfice.

Ainsi chaque jour suffisait à sa peine.

Le bonhomme avait si peu de frais ! Une boutique pour 400 francs par an, logement compris, s'il était riche ; une baraque ou un étalage immense pour

40 francs s'il était pauvre. Qu'est-ce cela ? Pour son déjeuner, du fromage arrosé d'une demi-bouteille, et pour tenue de ville le costume d'un marchand de marrons.

Mais il y avait alors pour lui des occasions d'acheter ; il n'avait que l'embarras du choix. Il existait ce que les vieux marchands rappellent avec attendrissement à leurs fils émerveillés : *le marché bourgeois*, c'est-à-dire le bibelot de l'homme qui part, de la vieille domestique qui hérite, le mobilier poudreux du sexagénaire échappé aux coups des révolutions, les gravures encadrées, les tableaux enfumés, les vieilles pendules de cuivre, les commodes ventrues des aïeules, que nul ne songeait alors à faire restaurer et redorer pour les envoyer à l'Hôtel des ventes.

Le commissaire-priseur du *high-life*, M. Pillet, n'était encore que tout petit enfant, et les gens opulents, seuls concurrents possibles du véritable amateur antiquaire, n'achetaient, suivant la mode du temps, que des tableaux de David, de Gérard ou de Drolling, des pendules de style empire et un mobilier d'ordre ionique.

Les amoureux des choses du passé avaient la carrière libre et s'en donnaient à cœur joie.

Que de trouvailles ! quelles voluptés pour les chercheurs doués de patience, de sagacité, d'un goût éclairé, pour les Vivant-Denon, les Lenoir, les Thibaudeau, les Dusommerard, les Sauvageot, les

Monmerqué, les Lacaze, les Marcille, les Brunet, les Firmin Didot !

M. Charles Blanc nous raconte qu'il lui arrivait, simple étudiant, d'acheter, dans ces échoppes du Louvre, un Pater ou un Lancret authentique pour quinze ou vingt francs. Nul des adeptes d'alors dans la science du vieux ne faisait son *tour de quais* matinal sans apporter quelque trésor nouveau à la collection naissante ; nul n'abordait sans un frémissement intérieur certains étalages providentiels pour la trouvaille et n'était insensible devant le mot magique du brocanteur: *J'ai là quelque chose pour vous!*

C'est à cette école que se sont formés les fins connaisseurs, les grands et célèbres collectionneurs, les plus habiles marchands de ce temps-ci, dont la noble et forte race s'éteint et disparaît de jour en jour.

Il faudrait la plume d'un Balzac pour narrer les découvertes surprenantes d'alors dans le pays latin, ce coin de terre privilégié du bric-à-brac; ces reliures provenant de Maïoli ou de Grolier, achetées trois francs et qui en valent deux mille aujourd'hui ; ces classiques annotés par Racine ; ces volumes de poésie portant la signature de Ronsard égarés sur le parapet du quai ; ces terres cuites de Clodion, ces armes, ces ivoires *du seizième;* ces potiches de vieux japon ; ces montres Louis XV si finement agrémentées de peintures et de filigranes ; ces pastels de Latour oubliés dans l'arrière-boutique sombre ou dans la vitrine poudreuse des revendeurs et des marchands d'occasion.

Notons en passant qu'alors il y avait des ventes publiques nombreuses en ville et presque jamais d'experts à ces ventes...

Il fallait voir la satisfaction peinte sur le visage du vieil amateur de ce temps-là, vénérable fondateur de l'école actuelle des vrais collectionneurs, quand, rentrant chargé de son précieux trophée, il se mettait en devoir de l'épousseter amoureusement, de l'examiner sous toutes ses faces, de le placer à son rang dans une armoire devenant de jour en jour trop petite !

Eh bien, c'est l'humble génération de marchands étalagistes au tablier de serge, aux manches poudreuses, à la bonne figure ridée, émerillonnée et enluminée par le plein air, qui a sauvé de la destruction l'immense richesse mobilière de la France, de cette France déjà reine aux siècles passés dans le domaine du goût et de l'art comme dans celui de la littérature.

Je dirai plus : ce sont eux qui ont créé une nouvelle existence à cette richesse mobilière en la classant, en la mettant en valeur. Ce sont eux, hélas ! qui ont ainsi préparé la magnifique moisson des rajahs de l'Hôtel Drouot, qui saccagent aujourd'hui le vieux au profit du faux rare.

Il est vrai que, partis de l'échelon infime, ces brocanteurs ont été petit à petit formés par le contact incessant des érudits, des artistes studieux, des amateurs du temps, qui ne dédaignaient pas de s'asseoir dans la boutique du modeste antiquaire, — presque un ami discret, — leur émule en ardeur à la poursuite du rare, et, somme toute, leur meilleur auxiliaire. C'est une grande erreur de croire qu'on puisse devenir maître ès art de bric-à-brac en regardant de temps à autre circuler quelques objets précieux ou frelatés sur les tapis verts de l'Hôtel des ventes. Il faut l'intuition, le *mens divinior*, de la mémoire, une lente éducation de l'œil, l'habitude de la comparaison, une extrême défiance, et, disons-le, la possession, qui permet la confrontation et la vérification.

Grâce à ses trente ou quarante ans d'apprentissage, tel d'entre ces marchands, qui avait commencé sa rude carrière par le colportage ou la vente de tasses ou d'assiettes fêlées ou dépareillées, des gilets de marquis, du vieux papier, du parchemin ou des bouquins à la livre, achetait pour son compte, à l'âge de soixante-dix ans, un service de Sèvres, pâte tendre, 12,000 francs....

Nombre de ces marchands sont parvenus à une honnête aisance, quelques-uns à la fortune. L'Hôtel des ventes existait si peu de leur temps !

Ils ont eu depuis, — du moins les survivants fixés à Paris, — un beau et vaste magasin dans un grand quartier, ou bien sur le quai Malaquais ou le quai Voltaire. Enveloppés d'une sorte de robe de chambre, les pieds dans des pantoufles brodées, ils étaient devenus un peu gourmés, un peu fiers et serrés en affaires. C'est que l'amateur, le collectionneur, l'expert, le demi-savant avait poussé sous la peau du marchand de bric-à-brac. Le remords de tant de merveilles abandonnées jadis par eux pour quelques francs et revendues sous leurs yeux au décuple (la manie du marchand est de vouloir retrouver sa marque sur tous les objets qui passent devant lui), les poursuivait comme un cauchemar. *Si j'avais su ce que je sais ! si j'avais aujourd'hui ce que j'ai vendu !* disaient-ils en soupirant.

Éternel et douloureux refrain des hommes de la précédente génération !

Plusieurs des principaux marchands d'objets d'art et de curiosité d'aujourd'hui sont les fils, ou les neveux, ou les gendres, ou les petits-cousins, ou même les anciens commis de ces pionniers du bric-à-brac, du tableau, de la gravure ou du livre, commerce qui tend de plus en plus à quitter le pays latin pour les quartiers nouveaux et élégants..... voisins du Capitole.

Ceux-ci, tout enfants, ont été nourris des sucs de l'Hymète. Montés sur les épaules de leurs devanciers, ils ont naturellement vu de plus haut et plus loin. Ils ont eu le bénéfice de l'instruction. Les uns ont appris le latin, l'anglais, l'allemand ; d'aucuns même connaissent l'idiome de Périclès. Ils ont parcouru plusieurs fois la France à la recherche des émaux de Limoges, des faïences de Nevers, de Moustiers, de Marseille, de Rouen; l'Italie, à la poursuite des vrais bronzes florentins, des majoliques, des nielles, des ivoires sculptés, des manuscrits byzantins. Les jeunes savent par cœur la Hollande, la *National Gallery* de Londres, le musée des Offices de Florence et le Belvédère à Vienne.

Comme le champ est immense, chacun d'eux s'est fait une spécialité dans laquelle il est devenu passé maître. Ce savoir technique, profitable aux clients sérieux, aux vrais amateurs, le rend redoutable aux spéculateurs d'un savoir douteux. Il a un libre accès dans le cabinet des riches collectionneurs qui le consultent dans les grandes occasions. Comme ces amateurs de *primo cartello*, les acheteurs avisés de l'étranger savent que c'est là qu'il faut aller pour rencontrer des objets de bon aloi au-dessous des cours, souvent factices ou même fictifs, des grandes ventes de l'Hôtel Drouot. Il arrive encore qu'on donne à ces habiles marchands des commissions indéterminées dans les ventes importantes, s'en rapportant à leur tact et à leur circonspection.

Ces maisons, en pleine prospérité naguère, vivent de leur clientèle acquise, de leur réputation soutenue, d'une collection lentement amassée, d'un capital énorme engagé; mais elles ont cessé de grandir et de s'accroître. Leur astre, lumineux encore, se couche lentement à l'horizon. Les nababs de l'Hôtel ont le bras si long! Les découvreurs de grands maîtres nouveaux, les inventeurs de chefs-d'œuvre de pacotille, ont l'esprit si fertile en émissions nouvelles!

Que dirai-je des maisons de création plus récente, de tous ces splendides magasins qui se pressent dans un rayon de quelques mille mètres de l'Hôtel des ventes? Ceux de leurs possesseurs qui ne sont pas intéressés dans le jeu de l'Hôtel sont prédestinés à une perte certaine. Leur luxe est admirable, leur étalage somptueux et de bon goût; mais leurs frais sont énormes, leur gaz éclaire gratis les passants. Les curieux et les admirateurs sont nombreux devant les vitrines, les acheteurs presque toujours invisibles..??

Dans ces quartiers on tente les convoitises des millionnaires et des riches étrangers par des articles de grand luxe ou des tableaux de peintres vivants dont le marchand n'est souvent que le lanceur et le dépositaire. Ingénieux efforts du commerce pour se maintenir à flot, fréquemment stériles par le temps qui court! Le public qui achète aux magasins se raréfie de jour en jour. Il a pris définitivement le chemin de l'Hôtel Drouot. D'amateur respecté, le client est devenu, par l'entraînement de l'exemple, marchand lui-même, spéculateur, joueur. Il lui faut le pugilat des pièces de cent sous, la danse effrénée des billets de banque, l'excitation fébrile des enchères, l'émotion haletante de la galerie, la réclame des journaux du lendemain, et la conviction, — trop de fois fallacieuse, — d'avoir fait un bon coup.

Qui veut, à cette heure, se risquer à froid à une acquisition importante, si elle n'est que raisonnable et sensée? Mieux vaut extraire un numéro de la *tombola Drouot*. Mieux vaut délaisser toutes les anciennes richesses pour monter une vente où l'on ne servira que des *plats du jour*.

Comme si le jeu de l'Hôtel n'était pas fait d'avance! comme si un Dupré ou un Hobbéma pouvait glisser inaperçu quand Me P*** tient le marteau, ou bien un dessin de Prudhon, de Fragonard, une eau-forte de Rembrandt, une reliure de Canevarius, quand Me D***-C*** dirige les enchères!

Les marchands blanchis sous le harnais regrettent souvent des acquisitions fâcheuses, vulgairement appelées *des loups*. Jugez le sort des novices!

Il y a encore, dans des parages circonvoisins, tous ces magasins portant pour enseigne : *Marchandises provenant des ventes*, qui changent de locataires tous les trois ou tous les six mois. Qui les alimente? qui les fait vivre? Nul ne le sait. Il y a là un homme intelligent, qui paie un fort loyer, patente et contributions. Actif et courageux, il a le goût des arts, il a l'amour des belles choses, mais il ne peut que bien rarement y atteindre. Ses marchandises « provenant des ventes de l'Hôtel » y retourneront infailliblement.

Son concurrent acharné dans les ventes, l'amateur-spéculateur, — négociant sans frais, sans patente, tendeur de traquenards pour les nouveaux marchands, — est là qui le guette pour lui imposer ses échanges captieux, ses dépôts de « rossignols », contre l'abandon d'une pièce intéressante qu'il lui enlève en lui promettant sa clientèle et sa protection auprès de M. le baron de R***, le duc d'A***, M. T***, le généreux R. W***.

Pauvres gens! qui voient leurs magasins déserts quand ils veulent cesser d'être la proie des faiseurs, et qui ne peuvent satisfaire la haute clientèle, lancée ailleurs à la conquête de la toison d'or! Heureux sommes-nous, quand, pour échapper à la famine menaçante, ils ne se laissent pas aller à la tentante fabrication des faux Greuze, Prudhon ou Fragonard, du faux saxe ou du faux palissy!

Parlerai-je, enfin, de ces sortes de déballages des nouveaux boulevards, dans des locaux badigeonnés à la chaux, impossibles à louer dans les prix de 7, 8 ou 10 mille francs exigés pour un bail? Ils sont provisoirement occupés néanmoins, garnis de cette pseudo-marchandise d'art, provenant de l'écumage de l'Hôtel, des ventes judiciaires ou après décès, ou des ventes du Mont-de-Piété. Le propriétaire de l'immeuble aime mieux, — tant les temps sont durs, — toucher 60 ou 100 francs par mois, payés d'avance, que de voir son précieux rez-de-chaussée envahi par le salpêtre. Le passant jette sur cette brocante de hasard ou de rebut un regard distrait ou dédaigneux, sans se soucier qu'un père de famille ait lancé dans ce gouffre ses économies peut-être de dix ans.

Que fera-t-il, que deviendra-t-il demain ?

Que de tristesses au fond de tout cela ! que de souffrances dignes de l'attention de nos édiles ! quelle différence de situation avec celle de nos brocanteurs d'autrefois ! quelle chute désolante de la moralité générale du monde des arts !

Qui sait si les propriétaires des hauts quartiers, comme les fonctionnaires de l'État, ne sont pas les premiers à porter leur tribut à ces ventes de l'Hôtel Drouot qui consomment la ruine de leurs locataires de magasins et diminuent les ressources du budget ?

Ah ! je le dis avec une amertume poignante, ceux qui ont charge de la prospérité publique font fausse route par leur longanimité à l'encontre de certains agissements des potentats de l'Hôtel. Il y a là un péril public, né des illégalités ruineuses journellement perpétrées dans son enceinte, et aussi de cette concurrence formidable, — difficile à atteindre, il faut bien le reconnaître, — du capitaliste non commerçant, indemne de toute responsabilité, de toute charge spéciale, contre le commerçant isolé, responsable, « faillible », réduit à l'extrême découragement par les crises politiques.

Il ne faut pas que nos économistes s'avisent de prendre à l'étiage de l'Hôtel l'indication de la prospérité du commerce. Au contraire. Plus la misère grandit avec l'inquiétude, plus on vend à l'Hôtel. Alors on vide les mains, on réalise, on liquide, on se débarrasse des valeurs encombrantes. Le commissaire-priseur gagne toujours, même si le public se ruine.

La valeur des immeubles tend à diminuer faute de location sérieuse des boutiques, et l'impôt des patentes rendra moins si elles restent vides. Paris, la métropole des arts et du luxe, perd de sa splendeur, de son rayonnement. Les faillites sont innombrables. Mais ces messieurs de l'Hôtel peuvent acheter des villas.

Qu'on y réfléchisse ! Comment est-il possible que le marchand puisse trouver moyen de vendre ? L'amateur lui interdit de gagner sa vie, lui taxe la marchandise vendue la veille à l'Hôtel en présence de lui-même amateur, marchandise dont il a noté le prix de vente sur son catalogue. « Comment ! vous me demandez 100 francs pour ceci ! mais ceci vous a été adjugé à 78 fr.: j'étais présent. Sachez que tout ce qui se vend rue Drouot, je le sais par cœur à l'avance, je le vois, je l'étudie dans les magasins de l'expert, je l'examine de nouveau aux expositions du dimanche. Vous devez vous trouver trop heureux que je veuille bien vous sauver de perte en vous offrant 10 pour 100 en sus de votre prix d'achat. Vous êtes un ingrat si vous n'acceptez pas. »

Est-il possible, je le demande, d'imaginer rien de plus funeste aux intérêts du commerce que cette centralisation de toutes les marchandises à vendre dans dix-sept salles situées en un même point? Que deviendrait le commerce ordinaire des choses neuves ou fabriquées si le marchand était réduit à les acheter sous les yeux de son client et de subir sa concurrence ? On comprend qu'autrefois, quand les ventes avaient lieu sur des points éloignés les uns des autres dans la ville, l'amateur-spéculateur ne pouvait pas tout voir et être partout, et que le marchand pouvait échapper souvent à sa surveillance. Mais aujourd'hui, l'amateur n'ayant plus qu'à attendre une heure favorable, supprime volontiers l'intermédiaire et se pourvoit lui-même à ses risques et périls. Le voilà négociant.

Dans cet état, il vaudrait mieux agir franchement et supprimer d'un coup le marchand, et avec lui les gros loyers de magasins, les patentes et les contributions.

L'amateur souffre souvent lui-même de cette notoriété excessive des expositions de l'Hôtel. S'il lui arrive de présenter à l'une de ses connaissances une acquisition récente, pour laquelle il espère éveiller son enthousiasme, l'autre réplique quelquefois : « Tiens, tiens, c'est vous qui avez acheté cela à ma vente, — car tout cela était à moi. C'était un lot que j'avais mis à la réforme. Mais consolez-vous, mon ami, vous n'avez pas payé trop cher au prix de 83 fr., ...et je vous promets d'être discret. »

Il suffira pour remplacer le commerce parisien, dans un avenir prochain, de la seule boutique en question, en augmentant de quatre ou cinq ses dix-sept salles de vente.

N'est-ce pas, d'ailleurs, ce qui a été projeté plusieurs fois déjà? Et aujourd'hui ne revient-on pas avec plus d'insistance encore sur un projet qui, si par malheur il se réalisait, pourrait être considéré comme le coup de grâce porté aux intérêts qui nous occupent?

Achevez donc, messieurs, l'anéantissement du petit, puis du grand commerce d'art. Sans doute, les objets exquis, d'un mérite suprême, d'une rareté excessive, n'en continueront pas moins d'acquérir une valeur incessamment croissante.

Mais la masse, mille fois plus considérable, des marchandises moyennes ou de moindre attrait, ou momentanément dédaignées, est vouée à une prochaine destruction, n'étant plus mise en relief et en valeur par l'action du commerce. Le culte sincère des arts se perdra, se perd faute d'aliment régulier, et faute de cette laborieuse préparation de nouvelles couches d'amateurs, œuvre particulière du commerce de détail.

Bientôt l'étranger, dont la concurrence nous guette, prêt à profiter de notre coupable légèreté, l'étranger s'emparera à vil prix de tous ces trésors dédaignés, des épaves de toutes les faillites parisiennes.

Alors le commerce se consolera-t-il en adressant à ses maîtres le suprême adieu des athlètes vaincus :

Ave, Cæsar, morituri te salutant !

CHAPITRE II

L'HOTEL DES VENTES

I. — CONSIDÉRATIONS GÉNÉRALES

Avant de parler des pratiques mystérieuses ou publiquement étalées auxquelles on se livre à l'Hôtel des ventes, jetons rapidement un coup d'œil rétrospectif sur l'origine de l'institution elle-même et sur les attributions des officiers ministériels qu'avec raison on a appelés les dieux tout-puissants de l'endroit.

Quelques journaux s'en sont occupés déjà. Pour

mémoire, citons, entre autres, le *Rappel*, — le *Petit Moniteur*, — la *Liberté*, — le *Figaro*, etc.

Ce qu'on y a dit est fort bien dit sans doute, mais en quelque sorte à la course ; on n'a fait qu'effleurer le sujet, sans s'y arrêter suffisamment, sans l'approfondir, et comme si seulement on eût voulu se donner la satisfaction éphémère de toucher barres ou de faire dresser quelques oreilles.

Qu'a-t-on obtenu ?

Rien !

Autant en emporta le vent.

Je me trompe. En donnant l'éveil à l'ennemi sans poursuivre la lutte, on l'a mis en garde contre les attaques qu'il pourrait avoir à essuyer, et on lui a laissé le temps de perfectionner ses moyens d'action, — déjà trop bien établis, hélas !

Quand je dis l'ennemi, il est bien entendu, une fois pour toutes, que je parle des abus et qu'il ne peut être question des personnes. Il est des commissaires-priseurs et des experts, je le constate sans hésitation, hommes honorables et justement honorés, qui déplorent comme nous ce dont nous nous plaignons.

Déjà, sur un autre terrain, nous avons traité cette importante question, mettant à nu les maux qui affligent le commerce, les combattant par tous les moyens propres à les faire disparaître.

Plus que jamais convaincu de la légitimité de nos efforts, plus que jamais décidé à tout faire pour le triomphe de la vérité, nous reprenons ici la tâche, bien résolu à la poursuivre jusqu'à ce qu'enfin justice soit faite des illégalités commises à l'Hôtel des ventes.

Notons d'abord un point essentiel, consigné avec autorité, — c'est-à-dire avec pièces à l'appui, — dans un travail sur la matière publié en 1851 ; — *notons qu'aucun décret, aucune disposition légale, n'a autorisé la création des hôtels de vente publique, — et que ces hôtels, ouverts par les commissaires-priseurs, ont été simplement tolérés par l'autorité.*

Je me borne, pour l'instant, à constater le fait. Si, contre toute attente, il était contesté, on remonterait facilement aux sources.

Créer un centre principal permanent (neuf mois durant) pour la vente des marchandises anciennes était une idée d'une profonde sagacité mercantile. L'éparpillement des lieux de vente, si favorable au commerce, si favorable aussi aux petits amateurs, est remplacé par la création d'un vaste bazar, où tous, acheteurs réels et flâneurs, se coudoient et s'écrasent, où nulle acquisition ne peut se faire en pleine sécurité, après mûr examen, où tout est jeu au bénéfice final de celui qui a préparé la partie.

La destruction du commerce libre était en germe dans la création de la salle des ventes, comme celle des petits magasins de nouveautés dans la fondation des immenses magasins en commandite.

La loi du 25 juin 1841, constitutive des attributions des commissaires-priseurs, les définit ainsi :

« Article 1er. — Sont interdites les ventes en détail des marchandises neuves à cri public, soit aux enchères, soit au rabais, soit à prix fixe proclamé avec ou sans l'assistance des officiers ministériels.

« Article 2. — Ne sont pas comprises dans cette défense les ventes prescrites par la loi ou faites par autorité de justice, non plus que les ventes après décès, faillite ou cessation de commerce, ou dans tous les autres cas de nécessité dont l'appréciation sera soumise au tribunal de commerce.

« Sont également exceptées les ventes à cri public de comestibles et objets de peu de valeur connus dans le commerce sous le nom de menue mercerie.

« ..... Article 5. — Les ventes publiques et par enchère, *après cessation de commerce*, ou dans tous les autres cas de nécessité prévus par l'article 2 de la présente loi, ne pourront avoir lieu qu'autant qu'elles auront été préalablement autorisées par le tribunal de commerce, sur la requête du commerçant propriétaire, à laquelle sera joint un état détaillé des marchandises. Le tribunal constatera par son jugement le fait qui donne lieu à la vente. Il pourra même ordonner que les adjudications n'auront lieu que par lots dont il fixera l'importance. Il décidera, d'après les lois et règlements d'attribution, qui, des courtiers ou des commissaires-priseurs et autres officiers publics, sera chargé de la réception des enchères. — L'autorisation ne pourra être accordée pour cause de nécessité qu'au marchand sédentaire, ayant depuis un an au moins son domicile réel dans l'arrondissement où la vente doit être opérée. — Des affiches, apposées à la porte du lieu où se fera la vente, énonceront le jugement qui l'aura autorisée.

« ..... Article 7. — Toute contravention aux dispositions ci-dessus sera punie de la confiscation des marchandises mises en vente, et, en outre, d'une amende de 50 fr. à 3,000 fr., qui sera prononcée solidairement tant contre le vendeur que contre l'officier public qui l'aura assisté, sans préjudice des dommages-intérêts, s'il y a lieu. Ces condamnations seront prononcées par les tribunaux correctionnels.

« Article 8. — Seront passibles des mêmes peines les vendeurs ou officiers publics qui comprendraient sciemment dans les ventes faites par autorité de justice, sur saisie, après décès, faillite, cessation de commerce, ou dans tous les autres cas de nécessité prévus par l'article 2 de la présente loi, *des marchandises neuves, ne faisant pas partie du fonds ou mobilier mis en vente*..... »

L'application rigoureuse de cette loi suffirait-elle à la protection du commerce, à la sécurité des acheteurs et des vendeurs, et aux nécessités de la situation ? C'est ce que nous aurons à examiner. Mais en attendant, n'est-on pas porté à croire que devant un texte aussi précis les écarts devraient être impossibles, — ou très-rares, — dès lors sans conséquence ?

C'est le contraire qui est vrai.

Les écarts sont si nombreux qu'on ne les compte plus ; — la loi est ouvertement et journellement violée, — au moyen de subterfuges, — de subtilités, — de finasseries même assez vulgaires.

Pourquoi se gêner, — dit-on vraisemblablement,

— quand on se sent les coudées franches, — et que l'on opère avec la foi dans... l'absolution finale ?

Mais ce lit de roses si bien préparé, si délicieusement savouré, — si fructueusement alimenté, — pourrait, à la fin, présenter des épines.

On ne s'en soucie guère, ou on en affronte héroïquement les éventualités.

Déjà, en 1848 (il y a vingt-sept ans !) des tentatives sérieuses furent faites par les délégués du commerce de Paris pour obtenir une répression. C'est alors que quelques lueurs d'espoir brillèrent aux yeux des intéressés. Elles furent de courte durée. Malgré le bon accueil fait à leurs réclamations par le gouvernement, et même par l'Assemblée nationale, — le tourbillon des événements politiques aidant, — rien de définitif ne fut arrêté, et les choses en restèrent là.

« Depuis cette époque, dit le travail cité plus haut, le dossier concernant la réclamation du commerce est entre les mains du ministre de la justice. De nombreuses démarches ont été faites auprès des divers ministres qu se sont succédé, et il est urgent que tous les commerçants de Paris redoublent de zèle et secondent les délégués dans lesquels ils ont mis leur confiance, à l'effet d'obtenir qu'un projet de loi sur les ventes publiques mobilières soit présenté à l'Assemblée nationale dans le plus bref délai possible.

« Cette urgence est d'autant plus opportune que messieurs les commissaires-priseurs, après avoir apporté quelques précautions dans leurs ventes lorsque la question qui les concernait était pendante à l'Assemblée nationale, ont, depuis, repris leurs anciennes habitudes et font au commerce une concurrence effrénée dans un hôtel de ventes qui, par son étendue et le nombre des salles destinées à recevoir les marchandises, est devenu un bazar et une exposition permanente offerte aux acheteurs. »

Les démarches et les plaintes du commerce, en 1848, s'appuyaient sur des faits tellement patents et nombreux, que l'on ne s'explique point qu'elles n'aient obtenu aucune mesure radicale.

Et depuis, — est-il besoin de le dire ? — ces faits se sont multipliés dans des proportions incroyables.

S'il en est ainsi, répétons-le donc avec les délégués du commerce, il est urgent, grandement urgent d'aviser.

A l'œuvre les intéressés !

Ce n'est plus, comme autrefois, avec des centaines de faits en mains, mais avec des milliers de griefs que vous pouvez agir aujourd'hui.

Plus pertinemment encore que qui que ce soit, vous savez qu'il ne s'agit pas seulement de vos intérêts proprement dits, quelque grands et respectables qu'ils soient, mais de la fortune mobilière de la France tout entière.

La justice et la vérité triompheront enfin des menées qui vous ruinent en trompant le public, qui a bien aussi sa large part d'intérêt dans l'affaire, et dont nous allons dire un mot, tout en réservant les développements pour un chapitre ultérieur.

II. — LE PUBLIC.

Il est vrai, — je puis l'affirmer pour l'avoir vu de mes yeux, le fiévreux engouement du public pour l'Hôtel des ventes a atteint des proportions dont il est impossible de se faire une idée si l'on n'a assisté à ce curieux spectacle.

Quel vertige pousse donc les acheteurs dans ce lieu, au milieu de cet encombrement, de cette cohue, dans cette bagarre où le plus souvent chacun reste en définitive mécontent de son lot, où le vendeur court des chances aussi funestes que l'acheteur ?

Ce que nous voyons, est-ce le jeu naturel et normal de la liberté ?

L'association des intelligences et des capitaux est le grand ressort de l'activité sociale. L'État a seulement le devoir de constater la moralité du but et la légalité des moyens ; mais il ne saurait se constituer marchand, même par délégation. Le grand mal de l'institution des commissaires-priseurs, c'est qu'elle est devenue un privilége et un monopole sans contrepoids ; que le commissaire-priseur apparaît aux yeux de tous comme un représentant indiscutable de l'autorité, et non comme un marchand.

Aussi, nous voyons à l'Hôtel des gens qui, pour leurs achats, pourraient s'adresser au commerce parisien, — dans lequel ils trouveraient presque à coup sûr une garantie d'honnêteté justement acquise par des hommes stables, patentés, ayant à cœur de satisfaire les clients ; — donnant à l'acheteur toute espèce de recours en cas de mécontentement ou d'erreur, ne cherchant qu'un bénéfice légitime, sachant, au besoin, faire de larges concessions, et entrant facilement en accommodement pour un paiement à terme ; opérant toujours avec le sentiment d'une responsabilité réelle, bien que chez eux l'acheteur ait tout le loisir, avant de traiter, de voir, de revoir, d'examiner à fond ce qu'il veut acquérir.

Voilà des gens, dis-je, qui vont rue Drouot acheter des marchandises vendues à l'encan.

C'est à peine s'ils peuvent, en hâte, y jeter un regard, par-dessus l'épaule des voisins, encore moins les contrôler.

Souvent, s'il s'agit d'objets anciens, — on leur a vendu, — à des prix exorbitants, — pour de l'antique du moderne auquel on a eu soin de donner une apparence de vieillesse respectable : car on prétend qu'il y a, pour les besoins de l'Hôtel, — comme pour les déballages en province, — des *artistes qui font le vieux*.

Les acheteurs paient comptant à l'Hôtel, et ce comptant est surchargé de frais dont nous parlerons.

S'ils reconnaissent ensuite que les objets acquis n'ont point le titre annoncé, ils restent sans recours contre qui que ce soit.

N'importe ! ils désertent les magasins, ils courent à l'Hôtel comme au feu.

Franchement, c'est à ne pas le croire.

Et que l'on ne s'imagine pas que j'exagère à plaisir les ombres du tableau. Tant de faits abondent à l'appui qu'au besoin on n'aurait qu'à les tirer au hasard.

Le désordre, la confusion, l'encombrement de l'Hôtel, l'introduction de clients privilégiés par les salles de magasins, le peu de soin qu'on donne aux intérêts du vendeur, sauf dans les grandes affaires, produisent les résultats les plus contraires et les plus surprenants. Tout le monde n'est pas dupe, mais les plus malins le sont souvent.

De grands principes d'ordre social sont donc ici en cause. S'il est vrai que le fait et sa conséquence présentent une immoralité flagrante, nous y trouvons aussi un caractère qui en étend considérablement la portée.

Car si, d'une part, l'honnêteté pure et simple a ses droits qu'il faut respecter toujours, — d'autre part, les saines traditions de l'art, — la loyauté commerciale, — la sincérité des transactions, — les éléments vitaux du commerce enfin, — ont bien aussi quelque chose à y voir et peuvent, à juste titre, faire entendre leur voix au chapitre.

De telles atteintes leur sont trop funestes pour que ceux qui en ressentent directement les effets ne s'en émeuvent pas et ne fassent pas des efforts sérieux pour en paralyser la marche.

C'est ce qui fut fait déjà, et, il faut le regretter, sans cet esprit de suite qui seul peut donner de bons résultats.

« Enfin, où est le remède ? » dira-t-on.

Il faut déterminer le mal, en découvrir la cause, le remède s'ensuivra. Et d'abord, c'est la grande lumière qu'il faut faire sur tous les points. Une fois la plaie sondée avec soin et mise à nu, le traitement rationnel judicieusement pratiqué, il faudra bien que le mal cède et que guérison s'ensuive.

Ce ne sera pas l'affaire d'un jour.

Mais que n'obtient-on pas avec du temps, de la volonté, de la persévérance, mis au service d'une juste cause ?

III. — LES EXPERTS.

Nous abordons (qui le croirait!) l'un des points capitaux de ce chapitre.

Tant il est vrai que de petites causes peuvent engendrer de grands effets !

Qu'est-ce qu'un expert ?

En thèse générale, l'opinion commune, basée du reste sur le bon sens, attache à cette qualité un caractère légal : aux yeux de tous, l'expert tient son mandat du pouvoir judiciaire; il est assermenté, partant responsable; il remplit consciencieusement sa mission en vertu de qualités spéciales qui constituent pour les parties des garanties réelles de savoir et d'intégrité.

Il n'en est pas ainsi à l'Hôtel des ventes.

Là, l'expert n'est point assermenté : donc il n'est revêtu d'aucun caractère public; donc point de garantie sous ce rapport.

Le hasard, — une bonne aubaine, — une grande complaisance pour les commissaires-priseurs qui les nomment, les installent et les emploient, — seraient le plus souvent, pour les experts, l'occasion de leur investiture. Quant au savoir, aux connaissances nécessaires, à l'aptitude enfin, le bilan dirait, dans l'immense généralité des cas : Néant. Donc encore aucune garantie de ce côté.

L'expert, d'ordinaire, n'est point un marchand, un boutiquier, dans l'acception ordinaire du mot. Sauf pour la librairie, la gravure, la bijouterie, le bronze peut-être, il ne fait pas le commerce, puisqu'il ne vend pas de la main à la main, à l'amiable. Il a des magasins, des ateliers de restauration souvent, mais pas de boutique. C'est un connaisseur-spéculateur. Il n'a d'autre capital engagé dans les affaires que le loyer de ses magasins et sa patente. Les marchandises qu'on voit chez lui sont des dépôts appartenant à des particuliers et destinés à la vente aux enchères, où le plus souvent ils arrivent amalgamés à son choix.

Eh bien, cet homme qui ne court aucun risque sérieux, n'ayant pas de capital engagé, fait à lui seul plus d'affaires et de meilleures affaires que quarante marchands réunis.

Il n'est pas l'abeille de la ruche commerciale; que pourrait-il bien être ?

Le rôle des experts est devenu d'autant plus important que, mis sans cesse en rapport avec les marchands pour leurs liquidations partielles (appelées vulgairement des *purges*), avec les amateurs-spéculateurs pour la revente des collections qu'ils ont formées en vue de la salle Drouot, avec les véritables amateurs pour les appréciations ou expertises, ils tiennent un nombre considérable de collections à portée de leurs mains et qu'ils obtiennent ainsi de nombreuses commissions dans les ventes dont ils sont chargés.

Quant au vendeur, il est presque à la discrétion de l'expert qui intervertit souvent l'ordre du catalogue ou de l'inventaire au gré de son propre intérêt ou des intérêts occultes qu'il lui arrive de servir. On affirme que quelques-uns, hors le cas de conventions spéciales à leur profit en dehors des frais ordinaires (et déjà énormes) de la vente, manquent décidément de zèle. J'aime à croire qu'il n'en est rien et que c'est un mauvais propos de vendeur mécontent.

Nous verrons, au chapitre des *Syndicats,* que la pente d'un agio spécial est bien forte et qu'il faut à l'expert actif, ambitieux, intelligent, une bien grande force d'âme pour ne pas se laisser entraîner à se substituer au vendeur.

Il y a eu de grands abus autrefois. Je puis en parler sans risquer de médire de qui que ce soit, puisque les pécheurs sont en purgatoire.

Les ventes de livres, par exemple, étaient alors arrangées en vue du petit commerce, des étalages, des petites librairies qui fourmillaient dans le quartier latin et ailleurs. On ne cataloguait que les ouvrages précieux. Les livres médiocres, mal conservés, dépareillés, ou d'une valeur infime, étaient réunis par lots de 30, de 40, de 50 et jusqu'à 100 volumes.

On citait un expert, propriétaire d'un magasin et

d'un étalage, qui avait une imagination de trucs d'une fertilité merveilleuse. En préparant ses lots, ficelés à l'avance, il glissait dix volumes d'une suite de vingt dans le lot n° 1, cinq autres dans le lot n° 7, cinq dans le lot n° 12. Il s'arrangeait pour se les faire adjuger tous trois comme dépareillés, et, en les dépouillant chez lui, il recomposait un ouvrage précieux lorsqu'il est complet.

Autre truc. Au moment où l'attention du public se fatiguait à examiner tant de lots qui se vendaient, je suppose, 10, 12 ou 15 francs, on en voyait un qui, flairé et apprécié par un libraire érudit, égaré par hasard au milieu des bouquinistes, s'élevait à 100 francs. C'était l'expert qui l'avait poussé si haut, sachant bien qu'il avait glissé dans la masse un volume de peu d'apparence, mais très-précieux, que par cette manœuvre il avait espéré avoir pour 10 francs.

D'autres fois, il s'asseyait, sous prétexte de hausser son siège et de dominer la salle, sur le volume rare et difficile à rencontrer d'une collection de petits in-folios. Lors de la mise en adjudication, le volume ne se retrouvait pas : le restant, défectueux, lui était adjugé à vil prix. Quand tout le monde était parti, il se levait, et le précieux volume allait rejoindre et compléter les autres.

Peut-être me suis-je beaucoup avancé en affirmant que ce héros est en purgatoire. Il aurait mérité mieux.

Lorsque vous soupçonnez que l'expert est fortement intéressé dans une vente, observez bien son attitude et ses moindres gestes. Il *cherche* à savoir de qui vient l'enchère et il y a une télégraphie spéciale, occulte, entre lui et le crieur. S'il est assis à côté de celui-ci, la réplique de l'enchère, que le crieur paraît suivre au fond de la salle, se fait au moyen du pied ou du genou de son voisin. Si le crieur se promène librement autour de la table, suivez bien le mouvement de son œil après chaque enchère : il voit « sans voir » l'expert, dont le regard semble noyé dans le vague. Cela veut dire : « Allons toujours. » Mais la tête de l'expert s'abaisse doucement sur ses notes : la moisson mûrit ; — il pose la plume ou le crayon sur son papier ou son catalogue : elle est mûre. Si le commissaire-priseur recommence, réitère l'appel suprême, c'est que l'expert s'est enlacé dans sa couleuvre. Si le commissaire-priseur abat rapidement la hache, — je veux dire le marteau d'ivoire, — l'expert a rejeté le fardeau sur une tête innocente.

Inutile de dire que l'expert varie ses trucs, et qu'au besoin la tabatière, le mouchoir, le nez gratté à point, mais surtout le crayon, — suivez bien le crayon, — jouent un rôle capital dans la génération spontanée de la seconde enchère.

Il se produit fréquemment un incident qui amuse beaucoup la galerie des marchands et des amateurs consommés. La vente est lourde, marche mal (ce qui arrive si l'expert n'est pas sympathique). L'expert a tout racheté, d'abord chèrement, puis de moins en moins cher. Les amateurs, marchands ou autres, attendent qu'il soit bien repu pour « entrer dans la danse ».

Un monsieur à figure ouverte et très-bien mis, entendant les appels désespérés du commissaire-priseur, est touché par les exclamations connues :

« Mais, messieurs, voyez donc cela; c'est inouï, c'est pour rien ! 20 francs telle chose ! »

Le monsieur qui se promenait se dit qu'effectivement c'est très-bon marché. Il risque quelques enchères, on lui adjuge un premier lot avantageux. Il est amorcé. Deux ou trois lots lui adviennent, de moins en moins favorables. Comme il a oublié de faire le signe négatif, le crieur, attentif à la télégraphie, le crible de surenchères ; mais quand le monsieur veut protester qu'il s'est abstenu :

« Vous me regardiez toujours, dit le crieur, j'ai dû croire que vous en vouliez. »

Le monsieur bien mis rentre chez lui, ayant cueilli dans sa promenade une collection qui pourra bien ne pas charmer sa belle-mère ou son épouse.

Quand l'expert vend à son profit, jugez quel combat se livre dans son cerveau, entre l'intérêt du client qui lui donne une commission (c'est-à-dire qui lui fixe un maximum en cas de compétition, maximum qui ne doit pas être atteint en l'absence de concurrent), et le sien, comme vendeur ou copartageant du vendeur.

Tenir la balance égale entre mon *moi* vendeur, et mon *moi* acheteur ! Problème de casuiste digne d'un Thomas d'Aquin ou d'un Spinosa !

Je ne voudrais pas voir ma vertu soumise trop souvent à de semblables épreuves.

IV. — LES CRIEURS.

Je lis quelque part :

A quelle classe de la société appartiennent les crieurs ? d'où sortent-ils ?

Qu'on me permette de reproduire la définition suivante, qu'en a faite l'auteur même à qui j'ai emprunté la question posée ci-dessus.

Il a dû vous arriver, dit notre auteur, en entendant le crieur s'essouffler à courir après une enchère qu'il essaie d'emporter d'assaut, répéter vingt fois la même phrase, et pousser trois heures durant les mêmes sons, de vous sentir pris de pitié pour cette pauvre victime du bibelotage et de vous dire :

Faut-il qu'un être soit abandonné du ciel et des hommes, pour consentir à faire un pareil métier, moyennant un salaire qui doit être fort modique.

Aussitôt que ces doléances commenceront à vous envahir, expulsez-les violemment.

Le crieur est de ceux qui, après avoir vécu dans la poussière, laissent à leurs enfants des maisons sur le pavé de Paris.

Le crieur, servant d'intermédiaire entre le vendeur et l'acheteur, ne peut que gagner là où les autres ne peuvent que perdre.

Autrefois on n'envoyait rien à l'Hôtel Drouot sans que le crieur eût sa part de droit; ce qui finissait par lui constituer un revenu qui grossissait avec le nombre toujours croissant des ventes publiques.

Aujourd'hui ce salaire n'est plus exigible; il est vrai qu'il n'en est pas moins obligé.

On ne contraint personne à donner, mais malheur à l'habitué qui refuse !

Dans les ventes importantes, le rôle du crieur est considérable. Il sait faire partir l'encan, deviner les enthousiastes et franchir par bonds les enchères trop mesquines. Mieux vaut avec lui mettre à intelligible voix que de faire des signes. Il vous mène loin si vous le laissez faire.

Réfléchissez qu'il faut deux enchérisseurs pour la *usée* de l'encan, et que le plus souvent il n'y en a qu'un. C'est en ce point que gît le talent du crieur.

D'un il sait faire deux.

Les vendeurs heureux oseraient-ils se montrer ingrats envers cet habile auxiliaire?

Le crieur est défiant et sceptique. Il se défie un peu de tout : des choses et des hommes. Son œil américain sait découvrir le client sérieux ou l'enchérisseur non convaincu qui, une fois l'adjudication faite, jugera à propos de laisser l'objet, tous frais compris, au compte du commissaire-priseur.

Comme le crieur touche souvent le montant des bordereaux de vente chez les clients, il y a là aussi pour lui un revenu de bonne main qui n'est pas à dédaigner et que nul ne songe à lui contester.

V. — LES COMMISSIONNAIRES

Et les commissionnaires!

Le commissionnaire commence par accrocher et décrocher des tableaux, pour les porter ensuite au domicile de l'acheteur. Plus tard, il en achète et il en revend. Mais oui!

Le commissionnaire aussi lève sa contribution sur l'acheteur.

La seule différence qu'il y ait entre celle-ci et celle du crieur, c'est que l'obole au commissionnaire est obligatoire. Il est vrai que la plupart d'entre eux remplissent leurs fonctions difficiles avec une intelligence surprenante et une fidélité remarquable.

Il existe aussi dans les usages de l'Hôtel des ventes une foule d'impôts non inscrits au rôle officiel, et qui, étant acquittés comme les autres, ne laissent pas d'augmenter le 10 pour cent du vendeur et le 5 pour cent de l'acheteur d'une façon très-sensible. Nous essaierons d'en établir le bilan.

Au surplus, crieurs et commissionnaires sont les seuls véritables travailleurs de l'Hôtel des ventes, les seuls qui incontestablement « gagnent leur argent » par leur savoir-faire et le mal qu'ils se donnent.

CHAPITRE III

UN PEU D'HISTOIRE — ILLÉGALITÉS FLAGRANTES
CURIEUX TRIPOTAGES

L'histoire des hôtels des ventes serait une curieuse étude à faire. Déjà ébauchée par ci, par là, elle ne fut guère traitée à fond.

Il eût été à propos, peut-être, de tracer ici la physiologie par catégories des personnages attachés à l'Hôtel Drouot.

Nous en avons donné un avant-goût au chapitre précédent pour les subalternes, négligeant à dessein la physionomie si tranchée des maîtres de la maison.

C'est que le sujet comporte des développements assez étendus, et que nous ne devions, pour l'instant, nous arrêter avec détail qu'à l'indispensable.

Mais nous ne renonçons pas à l'entreprise, au contraire ! Bien des observations, bien des notes prises sur le vif, sont en carnet, et quelque jour nous pourrons céder au démon tentateur.

On ne peut tout dire du même coup. Il est bon de conserver quelques éléments en réserve. A l'heure voulue, nous vous présenterons, lecteur, le commissaire-priseur *facétieux*, — le commissaire-priseur *despote*, — le commissaire-priseur *sentimental*, — le commissaire-priseur *distrait*, etc.

Et très-probablement aussi nous consacrerons un chapitre à cette partie du public plumée à l'Hôtel des ventes, connue sous la dénomination de *jobard*, et au *vendeur naïf* dont la collection est adroitement chavirée dans les boutiques des affiliés de l'Hôtel.

Pourtant, que d'anecdotes piquantes, — que de phases intéressantes l'histoire ne nous offrirait-elle pas, depuis l'édit de Henri II, de février 1556, créant les offices des priseurs-vendeurs dans tout le royaume ; — depuis l'époque où les ventes par autorité de justice avaient lieu sur la place du pont Saint-Michel, — sur la place du Châtelet, — ensuite rue des Jeûneurs, rue des Bons-Enfants, et sur la place de la Bourse, — jusqu'au moment où toutes les opérations furent enfin concentrées à l'Hôtel de la rue Drouot.

Nous l'avons constaté : *aucun décret n'a autorisé la création des hôtels de vente publique ; ils ont été ouverts par les commissaires-priseurs et simplement tolérés par l'autorité ; — l'Hôtel de la rue Drouot lui-même n'a pas d'autre caractère.*

Anciennement, toutes les ventes mobilières à l'enchère avaient lieu à domicile, à l'exception des ventes par autorité de justice, auxquelles il était procédé sur la place publique.

Peu d'années après la création des charges de commissaires-priseurs, quelques-uns d'entre eux louèrent un local rue Vieille-du-Temple, où ils procédèrent à des ventes publiques ; un autre, M° Chariot, loua l'hôtel Jabach, rue Saint-Merri, et y fit des ventes.

Ces opérations se passaient alors régulièrement.

Plus tard, vers 1815, les commissaires-priseurs firent leurs ventes à l'hôtel des Fermes, rue du Bouloy. En 1817, ils établirent leurs salles de vente à l'hôtel Bullion.

C'est à cette dernière époque que les charges de ces fonctionnaires commencèrent à prendre une certaine valeur et que le prix s'en éleva peu à peu d'abord, pour arriver au chiffre où nous le voyons aujourd'hui.

Cela s'explique par cette circonstance, que c'est à l'hôtel Bullion que ces messieurs débutèrent dans les ventes dites de brocante, dont l'extension est aujourd'hui un fléau pour le commerce de détail.

D'autres salles de ventes particulières furent aussi

ouvertes sur différents points de Paris, notamment rue de Cléry et passage Vivienne.

Il existe, depuis la Restauration, un local spécial pour la vente des vieux livres, rue des Bons-Enfants, n° 28. Les ventes s'y font le soir. En 1845, M. Techener père établit en face du Louvre une concurrence à cet établissement, mais son entreprise ne réussit pas.

En 1833, la chambre des commissaires-priseurs fit construire sur la place de la Bourse un hôtel avec de nombreuses salles de vente et d'exposition, et des magasins où déjà venaient s'entasser des quantités considérables de marchandises de toute nature.

C'est dans cet hôtel de la place de la Bourse que furent renvoyées les ventes par autorité de justice, en vertu d'une ordonnance de M. le préfet de police et sur l'offre faite par les commissaires-priseurs de consacrer une de leurs salles à cet usage.

Le commerçant parisien ne vit pas sans inquiétude l'établissement de ce nouvel hôtel, dont les opérations, s'élargissant de jour en jour, menaçaient de lui faire une concurrence terrible.

Et pourtant, ce n'était là que le prélude d'une situation mauvaise déjà, et que le temps devait aggraver avec une déplorable célérité.

Certains commissaires-priseurs, se sentant la force d'agir librement, — jouissant d'ailleurs d'une riche clientèle, — se séparèrent de leurs confrères. Réunis, pour ainsi dire, en société commerciale, — ce qui est formellement interdit aux officiers ministériels, — ils louèrent un local rue des Jeûneurs, où, durant de longues années, ils procédèrent à de magnifiques ventes de mobiliers, tableaux, bronzes, objets d'art, etc.

Dès lors commencèrent la lutte et la concurrence entre les marchands et les hôtels de vente, qui prirent rapidement l'aspect de véritables bazars permanents où l'acheteur trouvait toutes les marchandises imaginables.

Les ventes après décès ou par autorité de justice ne suffisant plus pour alimenter leurs opérations, les commissaires-priseurs sortirent des prescriptions de la loi; ils firent des ventes qu'on put qualifier de ventes industrielles, où les marchandises exposées, fabriquées pour la vente aux enchères, n'avaient que l'apparence de l'ancienneté.

Quelques-uns même, — « pour donner de l'extension à leurs affaires », — s'entendirent avec des fabricants et firent confectionner des meubles de pacotille pour les vendre à l'Hôtel.

C'était bien là vendre des marchandises neuves, et c'était, conséquemment, tout en transgressant la loi, porter un coup funeste à la fabrication, — j'entends la fabrication sérieuse.

Car ceux qui fabriquaient pour les ventes de l'Hôtel étaient des ouvriers en chambre qui, peu scrupuleux sur les moyens et sur leurs fins, et pour réaliser des bénéfices plus larges, achetaient à vil prix et à terme des matériaux défectueux, et souvent disparaissaient quand il s'agissait de payer leurs fournisseurs. Ceux-ci avaient donc à supporter des pertes parfois considérables.

De leur côté, les fabricants de bonnes marchandises étaient impuissants à soutenir la concurrence de ceux qui faisaient les meubles de mauvaise qualité, et dont les produits trouvaient un écoulement assuré par la facilité avec laquelle se laissent tromper les acheteurs dans l'entraînement des ventes à l'encan.

Ces abus furent signalés à l'autorité. Le commerce en souffrait trop pour ne pas agir activement en vue de les détruire.

Ses plaintes furent entendues. Il s'agissait d'obtenir une loi répressive, et voici ce que disait à ce sujet le ministre de la justice, en 1829, dans une circulaire adressée aux officiers du ministère public :

« De pareilles ventes ouvrent une voie facile : 1° au contrebandier ; 2° au recéleur, pour se défaire sans risque des objets introduits en fraude ou volés ; 3° au négociant failli ou sur le point de faillir, pour détourner à son profit personnel le gage de ses créanciers. »

La loi qu'appelait alors le ministre de la justice se fit attendre douze ans. Pendant ce temps, bien entendu, le système des ventes à l'encan se développa de la manière la plus désastreuse ; les choses en vinrent à ce point, qu'aucun négociant n'était certain d'écouler les marchandises, même de première nécessité, dont il était forcé de s'approvisionner.

Enfin, elle fut promulguée, cette loi : c'est celle du 25 juin 1841.

Bien qu'elle n'apportât pas un remède complet aux maux du commerce, elle fut considérée comme un bienfait.

Il fallait la faire exécuter. Malgré la clause pénale qu'elle édictait, on trouva moyen de l'éluder, et MM. les commissaires-priseurs continuèrent à vendre des marchandises neuves, — en prenant, il est vrai, certaines précautions.

Le commerce songea alors à se grouper et à former une association ayant pour mission d'exercer une surveillance permanente en vue d'assurer l'exécution de la loi, qui prohibait la vente à la criée des marchandises neuves. Mais, malheureusement, ce projet ne put aboutir.

On ne saurait trop le regretter.

L'ancien esprit de corporation avait été brisé avec ses avantages et ses inconvénients. La liberté commerciale était un vain mot. Une ligue de monopoleurs investis d'un caractère public, entourés de parasites nombreux, s'était substituée aux anciennes corporations. Tant il est vrai que l'association est le seul remède aux abus de l'association, et que la liberté ne saurait subsister si elle n'est organisée.

Dans ces circonstances, il arriva ce qui fatalement devait arriver.

Le courant établi prit plus de force; les commissaires-priseurs continuèrent à se livrer au commerce de brocante dans leurs salles publiques; et, ayant le champ libre, leurs moyens d'action se multiplièrent et s'étendirent à l'infini; leurs bénéfices augmentant en raison du chiffre considérable de leurs affaires, les charges de ces fonctionnaires acquirent en peu de temps une valeur qui variait de 100,000 à 150,000 francs.

Nous trouvons les choses en cet état en 1848, et ce n'est qu'à cette époque que le commerce, sondant toute la profondeur d'un mal qui menaçait de le détruire, renouvela ses réclamations et multiplia ses efforts pour y porter remède.

Suivons-le dans cette nouvelle étape.

CHAPITRE IV

LA VOIE DOULOUREUSE — INQUIÉTUDES DU COMMERCE

En 1848, avons-nous dit, les principaux commerçants de Paris, plus que jamais inquiets sur leur situation, se réunirent au nombre de plus de trois mille, à l'effet d'aviser aux moyens d'obtenir la suppression des hôtels de vente des commissaires-priseurs, la répression des abus reprochés à ces officiers ministériels, etc.

Une commission de seize membres, prise dans le sein de cette réunion, fut chargée de rédiger un mémoire en ce sens et de l'adresser au gouvernement provisoire.

Ce document, qui date de vingt-sept ans, mais qui, grâce à la persistance des griefs signalés, n'a rien perdu de son actualité, et semble né d'aujourd'hui, sera lu avec intérêt. Le voici dans son entier :

Aux citoyens membres du gouvernement provisoire de la République française.

« Citoyens,

« Les soussignés, tous commerçants de la ville de Paris, notamment fabricants de meubles, marchands de meubles neufs et d'occasion, tableaux, bronzes, porcelaines, objets d'art et de curiosité, horlogerie, bijouterie, lingerie et nouveautés, marchands quincailliers, miroitiers, tapissiers, libraires, etc., etc., se sont réunis et ont été d'avis de soumettre au gouvernement une question qui est pour eux de la plus grande importance.

« Ils demandent qu'il soit décrété que toutes les ventes mobilières soumises au ministère des commissaires-priseurs aient lieu désormais à domicile, et qu'en conséquence, aucune vente ne puisse être faite dans des lieux publics et spéciaux, tels que les Hôtels de la place de la Bourse et de la rue des Jeûneurs (1).

« Vous apprécierez sans doute, citoyens, les motifs sur lesquels ils se fondent.

« Les ventes que les commissaires-priseurs font, con-

---

(1) On a vu qu'à cette époque l'Hôtel de la rue Drouot n'existait pas encore.

trairement à l'esprit de la loi du 25 juin 1841, dans les Hôtels ci-dessus désignés, lesquelles ventes ont pour objet toutes les marchandises imaginables, créent à leur profit un monopole qui paralyse complétement le commerce et donne lieu aux abus signalés ci-après :

« 1° Toutes les personnes qui ont de l'argent comptant font de préférence leurs acquisitions aux Hôtels des ventes, en sorte que les marchands se trouvent obligés, la plupart du temps, de livrer leurs marchandises à crédit, ce qui leur occasionne souvent des pertes considérables.

« 2° Les ventes aux Hôtels favorisent les faillites, et enlèvent aux créanciers le gage de leurs créances. En effet, chaque citoyen pouvant faire transporter aux Hôtels de la place de la Bourse et de la rue des Jeûneurs les objets qu'il désire vendre, et la vente en étant opérée immédiatement, sans publication et sans indication d'origine des marchandises, les créanciers des vendeurs n'ont aucun moyen de former opposition sur le prix de ces ventes. Il arrive aussi journellement qu'un marchand qui vend à terme se trouve exposé, de la part d'acheteurs de mauvaise foi, à perdre le fruit de sa livraison par la facilité que ces derniers ont de faire vendre à l'Hôtel les marchandises qu'ils ont ainsi achetées, à l'insu du marchand qui les a fournies.

« 3° Ces ventes, en outre, facilitent la disparition des objets provenant de sources illicites : car, tandis que les marchands sont tenus de payer à domicile, indépendamment de l'inscription des noms et adresses des vendeurs sur leur livre de police, soumis au visa du commissaire de leur quartier, chaque personne peut faire vendre immédiatement à l'Hôtel de la place de la Bourse les objets qu'elle désire vendre, et en toucher le prix, sans être astreinte à d'autre formalité que de donner son nom et son adresse, qui ne sont jamais vérifiés. Il est donc facile, à l'aide d'une fausse indication, d'échapper à toutes recherches.

« 4° Enfin, un des plus grands abus à signaler est la vente des marchandises neuves qui se fait journellement aux Hôtels. — La loi du 25 juin 1841, qui les interdit formellement, est sans cesse violée, et il est constant qu'un certain nombre de fabricants se livrent à la confection de meubles destinés à la vente de l'Hôtel. Ces meubles, qui n'ont que l'apparence de la solidité, sont fabriqués à peu de frais et vendus à bon marché, ce qui ruine le commerce; car les marchands en boutique, étant responsables de leurs marchandises, ne peuvent livrer à un si bas prix des objets confectionnés consciencieusement.

« Tous les soussignés sont en mesure de signaler un grand nombre de faits qui viendront à l'appui des abus ci-dessus mentionnés.

« Au contraire, dans le cas où toutes les ventes auraient lieu à domicile, comme cela se pratiquait avant la création de l'hôtel Bullion (sauf pour les ventes par autorité de justice, qui étaient faites sur la place publique, ainsi qu'il est d'usage dans toutes les villes de France), on éviterait les abus qui viennent d'être signalés, et les droits des créanciers seraient garantis, puisque ces ventes sont publiées et affichées préalablement.

« Le mode des ventes à domicile, loin de nuire aux commissaires-priseurs, serait au contraire profitable à la majorité d'entre eux; car, au lieu d'englober dans une seule vente des objets provenant de diverses sources et adjugés à l'Hôtel par quelques commissaires-priseurs, un grand nombre de ces officiers ministériels serait occupé sur tous les points de Paris aux ventes à domicile.

« Les soussignés, dans la présente demande, n'entendent nullement nuire à la compagnie des commissaires-priseurs, mais désirent seulement la répression d'abus graves et se renfermer dans la légalité.

« Ils demandent, en outre, qu'il soit expressément défendu d'introduire dans les ventes publiques des objets étrangers à ceux faisant partie de la vente : ce qu'il est facile d'éviter en se renfermant dans les limites de la loi.

« En effet, les ventes auxquelles le ministère des commissaires-priseurs est indispensable consistent principalement dans : 1° les ventes après décès ; 2° les ventes par autorité de justice ; 3° et les ventes après cessation de commerce.

« Dans le premier cas, les objets vendus ne peuvent consister que dans ceux détaillés en l'inventaire dressé par un notaire assisté d'un commissaire-priseur, en présence des héritiers.

« Dans le deuxième cas, les objets à vendre sont mentionnés dans le procès-verbal de la saisie pratiquée par l'huissier.

« Enfin, les ventes publiques et par enchères, après cessation de commerce ou dans les autres cas de nécessité prévus par l'article 2 de la loi du 25 juin 1841, ne peuvent avoir lieu qu'autant qu'elles auront été préalablement autorisées par le tribunal de commerce, sur la requête du commerçant propriétaire, à laquelle doit être joint un état détaillé des marchandises.

« Dans le cas où des infractions à la loi du 25 juin 1841 seraient constatées, il serait urgent de les punir avec rigueur, car les commissaires-priseurs étant des officiers ministériels, ils doivent les premiers se soumettre aux lois et les faire respecter.

« Aux termes de l'article 7 de la loi précitée, toute contravention aux dispositions de cette loi est punie de la confiscation des marchandises mises en vente, et en outre d'une amende de 50 à 3,000 francs prononcée solidairement tant contre le vendeur que contre l'officier public qui l'a assisté. L'amende infligée aux commissaires-priseurs délinquants étant grandement couverte par leurs bénéfices illicites, il en résulte que cette pénalité est illusoire. Il faudrait donc, pour arrêter de pareils abus, que tout commissaire-priseur convaincu d'avoir forfait à ses devoirs fût destitué et déclaré indigne de remplir aucune fonction publique.

« Du reste, il ne peut plus y avoir de fausse interprétation de la loi du 25 juin 1841, car le sens de cette loi a été expliqué nettement dans un jugement rendu par le tribunal de police correctionnelle de la Seine (6e chambre), le 29 janvier 1842, contre Sageret, commerçant, et Bonnefons-Lavialle, commissaire-priseur.

« Pour rendre faciles à l'autorité les moyens de réprimer les infractions que pourraient commettre les commissaires-priseurs, les soussignés demandent qu'il soit institué par le gouvernement un certain nombre de contrôleurs-vérificateurs qui auraient pour mission de surveiller constamment les commissaires-priseurs dans l'exercice de leurs fonctions, notamment d'examiner les procès-verbaux de vente, les confronter avec les inventaires, procès-verbaux de saisie, etc., de manière à éviter l'introduction d'objets étrangers.

« Les soussignés appellent en même temps l'attention du gouvernement sur le tarif des frais de vente, qui sont exorbitants, et qu'il serait urgent de réviser dans l'intérêt du commerce, notamment en ce qui concerne le droit de 5 pour 100 en sus de l'adjudication, que les commissaires-priseurs exigent comme condition expresse de leurs ventes; ce qui constitue une contravention à l'article 625 du Code de procédure civile.

« Les soussignés espèrent que vous voudrez bien prendre en considération leur demande, qui est depuis longtemps le vœu de tous les commerçants de Paris, et ils se tiennent à l'entière disposition de la commission qui sera chargée de l'examen de leurs griefs, dans le but de l'éclairer sur tous les abus dont ils demandent la répression...»

Revêtu d'un nombre considérable de signatures, parmi lesquelles figuraient celles des principaux négociants de Paris dans toutes les industries qui avaient à se plaindre de la concurrence des commissaires-priseurs, ce mémoire fut remis par la commission, le 27 mars 1848, à M. Barthélemy Saint-Hilaire, chef du secrétariat du gouvernement provisoire. Après en avoir pris connaissance, l'éminent publiciste fit aux délégués du commerce la réponse suivante, dont il serait superflu de faire ressortir la portée :

« Je vous remercie, au nom du gouvernement provisoire, du témoignage de confiance que vous lui apportez. Vous avez à vous plaindre à la fois d'une illégalité et (je me permets d'ajouter) d'une sorte d'immoralité.

« Les griefs que vous exposez indiquent suffisamment que, dans ces ventes, en effet, il se passe très-souvent des actes fort coupables. Ainsi donc, à ces deux titres, vous pouvez être assurés que le gouvernement provisoire saura donner à la pétition *de tout le commerce de Paris* la plus sérieuse attention.

« *Des intérêts fort respectables sont méconnus, blessés, détruits.*

« Votre demande sera d'ailleurs soumise plus particulièrement au ministre de la justice, dans le département duquel rentrent les charges des commissaires-priseurs.

« La loi que vous invoquez doit être maintenue. Il paraît que les infractions à cette loi sont très-nombreuses et vous sont fort préjudiciables.

« Je puis vous affirmer que le ministre de la justice appliquera la plus vigilante attention à faire cesser ces infractions à la loi. »

Le ministre de la justice, M. Crémieux, fut en effet saisi de la question, ainsi que M. Bethmont, alors ministre de l'agriculture et du commerce.

En même temps, la délégation du commerce réunissait de nombreux documents à l'appui des faits articulés dans sa pétition.

Ces pièces, soigneusement numérotées et parafées, formèrent un dossier dont le président de la commission des commerçants resta dépositaire; des copies en furent remises aux ministres de la justice et du commerce.

Indépendamment de la pétition qu'on vient de lire, les délégués remettaient au ministre du commerce et de l'agriculture un rapport détaillé et très-circonstancié sur cette intéressante affaire.

En voici quelques extraits, qui donneront une idée exacte de l'importance que l'on attachait à cette époque à une solution favorable aux intérêts lésés, et qui prouveront que, si le mal avait déjà poussé de profondes racines, il trouvait en face de lui, pour le combattre, des champions ardents et convaincus :

« La demande du commerce de Paris, dit l'auteur du rapport, est d'autant plus équitable, qu'elle ne dévoile encore qu'une minime partie des abus existants, et qu'elle n'attaque que le préjudice causé au négoce...

« Oui, tous les faits qui y sont contenus sont vrais, et je me fais fort d'en apporter la preuve au gouvernement dans les quarante-huit heures, si celui-ci daignait me conférer la mission gratuite de contrôler les procès-verbaux et les dossiers de vente des commissaires-priseurs.

« En effet, il est très-facile, au moyen d'une vérification rigoureuse et exacte, d'établir que non-seulement les commissaires-priseurs se livraient à des actes de commerce; que certains d'entre eux, non contents de transgresser la loi du 25 juin 1841, leur défendant la vente des marchandises neuves, envoyaient encore leurs commissionnaires acheter, pour leur compte, des marchandises au faubourg, qu'ils revendaient avec bénéfice aux hôtels de vente; mais, de plus, que l'appât des honoraires leur faisait souvent oublier la mission sacrée que le gouvernement leur avait conférée en les instituant. Ainsi, dans les ventes qu'ils qualifient de ventes industrielles, jamais de renseignements n'étaient pris sur les vendeurs; ils se contentaient, après la vente, de les régler, en les priant de bien vouloir se souvenir d'eux pour les ventes subséquentes.

« L'Etat lui-même n'était pas à l'abri de la fraude. Vous le savez, monsieur le ministre, les droits d'enregistrement s'élèvent à 2 pour 100, plus le dixième, pour les marchandises vendues. Eh bien! quand leurs articles ou ceux de eurs prête-noms passaient sur table, ils y revenaient jusqu'à cinq fois, *sans être consignés au procès-verbal.* Je laisse donc, monsieur le ministre, à votre sage justice, l'appréciation de ces faits; mais le commerce, dont je me fais en ce moment l'interprète, a l'assurance intime que vous réprouverez de pareils abus, contre lesquels la loi est impuissante, et que vous y mettrez fin en ordonnant la fermeture des hôtels.

« Avant d'en terminer avec la pétition et de passer aux faits qu'il me reste à vous exposer, je prends la liberté de vous fournir ici la meilleure preuve qu'il me soit possible de vous donner.

« C'est la surveillance rigoureuse que la chambre a cru devoir exercer dans les ventes et sur les membres de la compagnie, depuis qu'elle sait le gouvernement saisi de la question. Si, j'ose le dire, le désir d'accroître individuellement la part de la bourse commune n'eût pas existé, la chambre, qui est instituée pour punir disciplinairement et informer, au besoin, le gouvernement des délits et des fraudes qui peuvent être commis, eût respecté ses droits et attaqué directement les abus; mais, si elle ne l'a pas fait, c'est que la plupart de ses membres se sentaient coupables des actes qui leur sont aujourd'hui reprochés à tous.

« Il existe encore beaucoup d'autres difficultés graves à vaincre, et qu'il est nécessaire de détruire.

« Ce sont : les remises faites par les commissaires-priseurs pour obtenir les affaires, et qui varient de un quart à moitié des honoraires;

« Le prêt avec intérêts sur marchandises;

« Les honoraires de 10 et 15 pour 100 perçus dans certaines ventes;

« Les enchères poussées sans acheteurs;

« Les en-sus du prix d'adjudication imposés au profit des employés, etc. »

Après plusieurs conférences longuement suivies entre MM. Bethmont et Crémieux, d'une part, et les délégués du commerce, d'autre part, le ministre de la justice, reconnaissant combien étaient fondées les plaintes formulées, et cédant à l'impérieuse nécessité d'y faire droit, rendait, le 29 avril 1848, l'arrêté suivant :

« Le membre du gouvernement provisoire ministre de la justice, arrête :
« Art. 1er. — Provisoirement, et jusqu'au 30 juin prochain, les deux salles de vente dans lesquelles les commissaires-priseurs procèdent aux ventes publiques seront fermées à toutes ventes non autorisées par justice.
« Art. 2. — Les ventes dont il s'agit seront autorisées sur requête présentée au tribunal de première instance de la Seine, en chambre du conseil, le procureur de la République entendu.
« Art. 3. — Trois jours avant la présentation de la requête, un inventaire précis et détaillé des objets dont la vente publique dans l'une des deux salles sera demandée devra être déposé au parquet du procureur de la République. Nul objet non compris dans cet inventaire ne pourra être exposé en vente.

« Signé : Crémieux. »

L'arrêté ministériel pouvait, dans ce moment, apporter une certaine amélioration à la situation, s'il eût été observé. Il n'en fut rien. Après comme avant, toutes les ventes se firent, sans que jamais il fût question même de demander l'autorisation prescrite.

Aussi avions-nous raison de dire plus haut qu'il ne suffit point d'édicter des lois ou de rendre des décisions : il faut les faire respecter et les appliquer.

Dans ces circonstances, qui prolongeaient la crise, malgré les efforts du commerce et malgré les mesures prises par l'autorité, les délégués eurent recours à l'intervention d'un commissaire de police, M. Moulion, pour relever et constater les contraventions au décret du 29 avril.

Les procès-verbaux de ce magistrat, avec les pièces et documents à l'appui, furent soumis à l'Assemblée constituante.

Nommé rapporteur de la commission chargée d'examiner la question, M. de Larrieu donnait lecture à l'Assemblée, dans sa séance du 19 décembre 1848, du rapport qui suit :

« Les délégués du commerce de Paris vous adressent une pétition couverte de 2,500 signatures, parmi lesquelles figurent celles des maisons de détail les plus respectables de la capitale. Ils vous demandent :

« 1° La suppression des hôtels de vente des commissaires-priseurs ;

« 2° La création de contrôleurs-vérificateurs qui auraient pour mission de surveiller les opérations des commissaires-priseurs et de poursuivre l'exécution des lois qui les concernent ;

« 3° La révision des frais de vente, notamment en ce qui concerne le droit de 5 p. 100 en sus de l'adjudication que les commissaires-priseurs exigent comme condition expresse de leurs ventes, contrairement aux dispositions de l'art. 625 du Code de procédure civile et à la loi du 18 juin 1843.

« Cette pétition est la reproduction d'une réclamation adressée au gouvernement provisoire par les mêmes citoyens. Cette réclamation, fortement motivée, provoqua l'arrêté du ministre de la justice en date du 29 avril 1848, par lequel les deux salles dans lesquelles les commissaires-priseurs procèdent aux ventes publiques furent provisoirement fermées jusqu'au 30 juin.

« Les pétitionnaires présentent aujourd'hui leur demande avec de nouveaux et de puissants arguments tirés des tristes circonstances que nous avons traversées, de la continuation de la crise commerciale et des abus incessants dont ils sont victimes.

« Le comité du commerce et de l'industrie, frappé du nombre et de la gravité des faits et contraventions signalés à l'appui de la pétition, a pensé qu'il devait l'examiner avec la plus sérieuse attention.

« Un examen consciencieux nous a conduits à prendre en grande considération les plaintes des pétitionnaires. Nous n'avons pas cru cependant devoir leur sacrifier l'institution si utile des commissaires-priseurs, effet que ne manquerait pas de produire l'admission absolue des vœux exprimés dans la pétition.

« Mais, si nous ne pensons pas qu'il y ait lieu de supprimer les salles publiques de vente, comme le désirent les pétitionnaires, il faut nécessairement environner les ventes de toutes les garanties possibles contre les abus qui s'y commettent.

« Un premier moyen serait d'imposer à MM. les commissaires-priseurs l'obligation de *constater l'origine des marchandises mises en vente,* afin d'éviter la mise en vente des objets *volés,* et d'enlever ainsi aux voleurs la faculté de se défaire avantageusement du fruit de leurs vols. Il serait à désirer que MM. les commissaires-priseurs fussent astreints aux mêmes conditions que les marchands pour l'émission d'effets mobiliers à la vente publique. *La publicité des ventes n'est pas une suffisante garantie contre l'origine des marchandises en vente.* La loi pourrait à ce sujet prescrire que chaque commissaire-priseur serait tenu, ainsi que l'indique la loi du 29 germinal an IX dans son article 8, de faire au secrétariat de la chambre syndicale une déclaration de toutes les ventes dont il sera chargé, vingt-quatre heures au moins avant le commencement, et d'indiquer les jour, heure et lieu de la vente, ainsi que les noms des requérants. On pourrait ajouter à cette disposition qu'un état détaillé des objets mis en vente serait joint à cette déclaration et affiché à la porte de la salle.

« Les pétitionnaires réclament aussi contre la violation quotidienne de la loi de 1841 sur la vente des marchandises neuves. Ils affirment, en outre, que les commissaires-priseurs se livrent tous les jours à un commerce de brocante qui ruine le commerce de détail de Paris, et qu'ils sont secondés par les commissionnaires, les crieurs et les clercs qu'ils emploient, lesquels se livrent au commerce de revente.

« *Il y a dans cet état de choses une source d'abus considérables, préjudiciables à la fois au commerce et aux particuliers dont les effets sont mis en vente.*

« Votre comité du commerce et de l'industrie émet unanimement le vœu qu'il soit interdit aux commissionnaires et aux crieurs, ou autres agents employés par les commissaires-priseurs, de faire le commerce et de s'adjuger les objets mis en vente publique.

« J'appellerai, avec les pétitionnaires, l'attention de l'Assemblée sur l'usage pratiqué par les commissaires-priseurs d'imposer aux adjudicataires 5 p. 100 du montant des adjudications. Cet usage paraît à la fois contraire à l'esprit et à la lettre de la loi. (Loi du 18 juin 1843, art. 3.) Le comité croit devoir signaler ce fait à l'attention du ministre de la justice.

« Il arrive encore que, malgré l'interdiction formelle de la loi, les commissaires-priseurs imposent aux adjudicataires des conditions pécuniaires en faveur de leurs agents. Ainsi, une pièce du dossier constate que, dans une vente faite les 28 et 29 juillet dernier, on a imposé aux adjudicataires l'obligation de payer aux clercs et crieurs 50 centimes pour chaque lot, et cela indépendamment des 5 p. 100 déjà illégalement perçus.

« Il est évident, citoyens représentants, et cela ressort de tous les faits, que les lois aujourd'hui en vigueur sont insuffisantes, lors même qu'elles seraient strictement exécutées, et on comprend dès lors que les marchands qui ont une boutique, qui payent patente, qui supportent toutes les charges si lourdes de ces temps de révolution, ne voient pas sans douleur et même sans une sorte d'envie les commissaires-priseurs, privilégiés par la loi, se substituer au commerce de détail.

« J'arrive à la création, demandée par les pétitionnaires, de contrôleurs-vérificateurs. Votre comité ne peut accepter cette pensée. D'abord nous sommes, en principe, opposés à la création de places nouvelles, et puis la qualité d'officiers publics dont les commissaires-priseurs sont revêtus mérite aussi quelques égards. En leur déférant la police des ventes, la loi les a investis d'une autorité qui doit être respectée ; et, pour qu'elle soit respectée, il ne faut pas qu'elle puisse être discutée dans son exercice. S'ils ne font pas leur devoir, la loi vous donne le droit de leur infliger une amende, de les suspendre, de les destituer même. La nécessité de créer de nouveaux fonctionnaires ne nous paraît pas démontrée.

« En résumé, citoyens représentants, votre comité reconnaît que les griefs exposés par les pétitionnaires sont généralement fondés ; *que de graves abus sont commis ou tolérés par MM. les commissaires-priseurs dans l'exercice de leurs fonctions.* Nous considérons qu'il est urgent d'y porter remède, et nous vous proposons de renvoyer à M. le ministre de la justice la pétition des délégués du commerce de Paris, avec toutes les pièces à l'appui. »

(*Le renvoi est ordonné.*)

Tels sont les efforts tentés en 1848, par le commerce de Paris, pour obtenir satisfaction contre des abus qui lui portaient le plus grave préjudice ; — telle est la voie courageusement parcourue alors, et qu'à juste titre j'ai pu qualifier de voie douloureuse, puisque, malgré la tournure favorable qu'un moment les choses ont semblé prendre, rien ne fut changé à la situation, qui, au contraire, ne fit que s'aggraver depuis.

On a pu faire cette remarque, que si, dans le rapport lu par M. de Larrieu à l'Assemblée nationale, le comité du commerce, dont il était l'organe, rejetait la pensée de supprimer les hôtels des ventes, et celle de créer des contrôleurs-vérificateurs, — mesure d'ailleurs d'une utilité pratique contestable, — il reconnaissait sans hésiter l'existence et la gravité des griefs dont on se plaignait et déclarait que, lors même que les lois existantes eussent été strictement observées ou appliquées, elles étaient insuffisantes pour détruire radicalement un mal déjà trop enraciné.

A part cette réserve, le rapport entrait pleinement dans les vues du commerce, en s'appuyant sur des faits reconnus, incontestables, auxquels seraient venus s'ajouter d'autres faits importants, intéressant plus particulièrement le fisc, si la discussion s'était élevée sur cette question au sein de l'Assemblée nationale.

Dans cette hypothèse, une enquête eût été ordonnée, et l'inspection des procès-verbaux des ventes faites en ville et aux hôtels n'eût pas manqué d'attirer l'attention de la Chambre sur certaines pratiques en apparence insignifiantes, mais qui, en réalité, étaient les principales sources des abus qu'on cherchait à réprimer.

Entre autres singularités, on aurait pu constater que les mêmes individus figuraient fréquemment comme acheteurs dans les ventes en ville, et comme vendeurs dans les ventes aux hôtels.

Quoi d'étonnant là? dira-t-on, et surtout quel mal en pouvait-il résulter?

Voici :

Ces individus, dont le nombre ne dépassait pas cinquante, toujours les mêmes, sans notoriété, n'ayant ni boutique ni établissement, exempts de tout impôt, avaient pour unique occupation d'acheter dans les ventes publiques faites en ville des marchandises qu'ils s'empressaient de reporter aux ventes faites aux hôtels, — et se constituaient ainsi les pourvoyeurs des commissaires-priseurs, qui, ignorant ou connaissant la manœuvre, mais trouvant leur compte à vendre deux fois les mêmes objets, n'avaient garde de modérer leur ardeur.

Bien d'autres plaies eussent été mises à nu....

Celle des syndicats, par exemple, dont nous parlerons plus loin.

Mais ceci est encore l'histoire d'hier. Si triste qu'en soit le tableau, elle ne peut être désormais que l'objet de regrets superflus.

Nous avons cru devoir la reproduire pour ne rien enlever à l'enchaînement des faits si intéressants qui la constituent et la relient à l'histoire d'aujourd'hui, beaucoup plus accentuée en couleur, à ce point que ce qui fut n'est qu'une image bien pâle de ce qui est.

Plaçons ici quelques extraits des nombreux documents produits par les commerçants à l'appui de leurs réclamations. On nous permettra de faire un choix parmi ces pièces assez nombreuses. Nous nous bornerons aux preuves qui rendent plus palpables les abus dont on se plaignait, tout en établissant la légitimité des mesures répressives dont la demande était poursuivie.

1° *Pièces constatant que les ventes faites dans les salles des commissaires-priseurs facilitent la disparition des marchandises provenant de source illicite.*

« 1. Un sieur Fontaine, tapissier, rue Hillerin-Bertin, 8, ayant disparu après avoir réalisé le produit de ses marchandises au détriment des commerçants qui lui avaient fait des fournitures, il fut porté contre lui une plainte en escroquerie par ses créanciers réunis. Il est résulté de l'instruction la preuve palpable que lesdites marchandises avaient été vendues par le ministère des commissaires-priseurs, et le tribunal, par jugement en date du 3 décembre 1847, a condamné le sieur Mony, l'un d'eux, à 500 fr. d'amende et aux frais. »

« 2. Un personnage se présenta au mois d'avril 1842 chez M. Chancel, marchand de meubles. Se disant de la province, et venant à Paris pour l'habiter, comme ayant une place dans un ministère, il acheta des meubles qui furent portés dans un appartement rue d'Hanovre, 9. Aussitôt les articles livrés, il demanda au marchand un peu de temps pour aller chercher de l'argent chez son banquier, à l'effet de payer sa facture, ce qui lui fut accordé sans difficulté. Mais bientôt il retourna à l'appartement, dit à la concierge que ses meubles ne lui convenant pas, il allait les renvoyer au marchand qui les lui avait fournis. Il fit venir quatre commissionnaires munis de deux brancards, et le tout fut transporté à l'hôtel des ventes de la rue des Jeûneurs, avec recommandation de procéder aussitôt à la vente, parce que le vendeur partait le soir même pour son pays. Heureusement pour M. Chancel, sa femme entra par hasard dans la salle de vente où les meubles venaient d'être apportés. En reconnaissant sa marchandise, elle se récria, raconta l'affaire à plusieurs marchands; on alla chercher immédiatement son mari. Quand ce dernier arriva à l'Hôtel des ventes, le coupable avait été arrêté. Il fut condamné à trois mois de prison. »

2° *Pièce constatant que des marchandises de mauvaise qualité et d'une nature autre que celle indiquée, de manière à tromper l'acheteur, sont vendues dans les salles publiques.*

« Nous soussignés, marchands, certifions qu'il nous a été vendu, par le ministère de M⁰ Creton, commissaire-priseur, plusieurs lots de ronds de table, *indiqués en toile cirée*. Ces ronds étaient en *carton*.

« Le lendemain, après avoir découvert la supercherie, nous nous présentâmes à M⁰ Creton, et lui fîmes nos réclamations.

« Il nous répondit qu'il était trop tard, qu'il avait payé, et qu'il ignorait l'adresse du vendeur.... »

3° *Pièce prouvant la légèreté avec laquelle est constatée l'origine des marchandises mises en vente.*

« ... Je fis porter par un commissionnaire, à l'Hôtel des commissaires-priseurs, divers meubles et débris dont je voulais me débarrasser.

« Je n'avais jamais rien fait vendre à l'Hôtel et ne suis pas connu des commissaires-priseurs.

« J'avais joint à mon envoi de meubles un état détaillé des objets à vendre, avec mon nom et mon adresse.

« On ne prit aucun renseignement sur moi, et l'on procéda immédiatement à la vente.

« Je me présentai le soir à l'Hôtel, donnai mon nom et reçus mon argent sans qu'il fût exigé de moi aucune quittance.

« Le commissaire-priseur vendeur était M⁰ Trinquand.

« Je constate ce fait pour démontrer avec quelle légèreté agissent les commissaires-priseurs, et pour prouver qu'avec cette manière de procéder rien n'est plus facile aux voleurs et gens de mauvaise foi que d'y faire vendre, sous leur nom ou sous un faux nom, des objets qu'ils ont intérêt à faire disparaître promptement et dont ils veulent réaliser le prix. »

4° *Pièce constatant acte de commerce de la part d'un officier ministériel.*

« Je certifie que j'ai été à l'Hôtel des commissaires-priseurs ; je suis monté au premier étage, où j'ai vu un billard et trois banquettes à vendre.

« J'ai demandé si le billard serait bientôt vendu. On m'a répondu qu'on l'ignorait, mais que M° Favé, commissaire-priseur, rue Geoffroy-Marie, me le dirait.

« Je me rendis chez M° Favé, qui me dit qu'il ignorait quand le billard serait vendu, mais que, si je voulais être raisonnable, il me le vendrait à l'amiable. Ce qui fut fait moyennant le prix de 465 fr., que je payai comptant, et dont quittance me fut donnée.... »

5° *Pièce constatant les moyens employés pour faire des ventes de brocante dans des maisons particulières.*

« Nous soussignés, marchands de meubles et de curiosités, certifions que nous étions présents à une vente annoncée pour aujourd'hui 15 juin et jours suivants, rue Meslay, 67, par le ministère de M° Duval, commissaire-priseur, *après le départ de M. Maréchal.*

« Ayant reconnu divers objets provenant de différents marchands, et notamment deux gravures qui étaient, il y a quelques jours, dans la boutique d'un brocanteur, rue

Notre-Dame-des-Victoires, nous avons pris des renseignements dans la maison et chez le concierge, et nous avons appris qu'aucun locataire du nom de Maréchal n'habitait et n'avait habité depuis longtemps ladite maison, et que, le logement étant vacant, il avait été mis à la disposition du commissaire-priseur, attendu que la maison dont il s'agit appartenait à l'un de ses parents.

« Nous avons appris également, par un marchand de la rue Meslay, que des voitures de marchandises avaient été amenées hier dans la maison. Sur ces entrefaites, voyant dans cette vente de brocante un moyen d'éluder le décret du 29 avril 1848, nous avons signalé le fait à M. Barlet, commissaire de police, rue Meslay, n° 63, qui s'est transporté à la vente, et, sur les interpellations par lui faites à Me Duval, ce dernier a répondu que les marchandises en vente lui appartenaient en partie... »

Inutile de pousser plus loin les citations. Ce qu'on en vient de voir caractérise suffisamment les faits relevés.

Tout cela n'est-il pas édifiant ?

Et comprend-on la témérité de ces commerçants qui, voyant leurs intérêts les plus légitimes compromis par des manœuvres indignes du caractère d'honorabilité dont ne devraient jamais se départir des fonctionnaires revêtus du titre d'officiers ministériels, — comprend-on ces commerçants qui osent élever la voix et protester ?

Aussi il faut voir sur quel ton on entreprit de réfuter leurs allégations.

Travail ingrat, il est vrai, pour lequel on usa beaucoup d'encre et de papier, et qui ne réfuta absolument rien.

Mais quelle dépense d'arguties et de sophismes à l'adresse des signataires de la pétition ! Volontiers les eût-on voués aux puissances infernales, ou immolés tout vifs sur les autels du lucre. Ils s'en tirèrent cependant.

Toutefois, l'immolation, pour être moins violente, ne devait être ni moins certaine, ni moins complète.

A l'heure qu'il est, elle peut satisfaire les plus exigeants.

Heureusement pour la vérité, et à la confusion de ses adversaires, une voix s'éleva, au sein même de la compagnie, pour déplorer, elle aussi, les écarts signalés.

Cette voix pouvait parler avec autorité, parce qu'elle était celle même du président de la chambre des commissaires-priseurs, — parce que surtout elle était celle d'un homme intègre, honnête, justement entouré de la considération et du respect de tous, — cette voix enfin était celle de M. Berthon.

Nous ne résisterons pas à la bonne fortune de pouvoir ouvrir le chapitre suivant en citant les paroles de cet homme de bien, et de faire connaître son sentiment sur les faits qui nous occupent.

CHAPITRE V

LA LESSIVE EN FAMILLE — VÉRITÉS ACCABLANTES PREUVES SANS RÉPLIQUE

L'honorable président, justement ému des plaintes fréquentes qui lui étaient adressées sur les scandales reprochés à quelques membres de la compagnie, crut devoir s'ouvrir à ce sujet, en différentes occasions, au sein de la chambre.

Jaloux de maintenir intacts les intérêts moraux qui lui étaient confiés, M. Berthon devait considérer comme un des premiers devoirs de sa position de réagir, par son exemple et ses exhortations, contre le courant qui entraînait certains de ses confrères dans une voie regrettable.

Le président fit, dans ce sens, des tentatives louables et nombreuses, par des discours prononcés en assemblée générale, et dont les extraits qui vont suivre ne peuvent être considérés que comme une sanction éclatante des plaintes que nous avons reproduites.

Le 20 avril 1828, M. Berthon disait :

« L'année dernière la compagnie se ressentait d'un malaise général, occasionné en partie par la conduite de plusieurs de ses membres qui ont été rayés du tableau. Des plaintes se succédaient avec une continuité qui alarmait la majeure partie de ses membres, *parce qu'elles attiraient l'attention de l'autorité et que leur grand nombre indisposait contre elle la justice, qui souvent consulte moins la nature des délits que leur fréquence.*

« C'est un devoir bien doux pour moi, messieurs, de vous faire connaître que, pendant le cours de cette année, le nombre de plaintes dirigées contre les membres de la compagnie a beaucoup diminué... Redoublons donc de zèle, apportons tous nos soins à prévenir les sujets de plainte, afin de regagner ce que nous avons perdu dans l'esprit de la société. Tout état a sa noblesse, il ne faut qu'y apporter la volonté de la soutenir. C'est l'homme, selon qu'il l'exerce, qui le dégrade...

« N'oublions pas ce qu'un de mes prédécesseurs vous a dit avant moi, d'apporter dans nos opérations vis-à-vis des marchands qui fréquentent nos ventes une réserve qui assure la distinction sans défendre l'accès. Mettons notre conduite privée en harmonie avec ces dispositions, et, si la loi commande pour nous la confiance, efforçons-nous de l'inspirer, que la sagesse dirige nos actions, plaçons toujours en première ligne le fonctionnaire qui parle ou agit au nom de la loi qui l'a créé, et nous obtiendrons dans la société le rang qu'elle nous y assigne...

« Mais pour atteindre ce but nous avons encore beaucoup à faire : *car les magistrats et le public croient avoir à se plaindre de nous, et malheureusement quelques grandes catastrophes, beaucoup de négligences coupables dans l'accomplissement de nos devoirs, nous ont insensiblement amenés dans cet état de suspicion.* Il faut donc, pour nous relever, redoubler de zèle, montrer de l'énergie, sans cesse poursuivre le mal partout où il se montrera, et, sous quelque forme qu'il se cache, le forcer à se démasquer et le combattre...

« Pour obtenir cette considération, que toute compagnie doit rechercher, il est nécessaire que le commissaire-priseur se pénètre bien qu'il ne suffit pas que les règlements homologués ou la loi ne puissent l'atteindre, *il faut encore que la morale soit de moitié*, préside même à ses actions ; malheureusement, quelques commissaires-priseurs ont pensé le contraire, et que la chambre de discipline ne pouvait pas leur demander compte de leur conduite envers le public. Ils sont tombés dans une grave erreur, car pour toutes les occasions où des plaintes autres que celles qui ont pu être énumérées dans le règlement homologué et auxquelles sont attachées des peines spéciales, sont adressées à la chambre par des collègues ou par le public, relativement à l'exercice de nos fonctions, ou même à l'égard de notre conduite privée, la chambre prononce, comme en matière de jury, une peine d'après sa conviction et sa conscience contre l'inculpé que la loi ou les règlements n'atteindraient pas spécialement... »

Il paraîtrait qu'à cette époque, les jeunes commissaires-priseurs voyaient avec mécontentement dans le sein de la chambre quelques anciens membres de la compagnie exercer une surveillance gênante pour eux. C'est du moins ce que semble prouver le passage suivant du même discours :

« Quoique les fonctions de membre de la chambre soient souvent fort pénibles, et nous l'éprouvons aujourd'hui, l'admission à la chambre a toujours été regardée comme honorable, et par conséquent une récompense de services rendus et de la bonne conduite des commissaires-priseurs qui y étaient appelés. Quelques membres se sont plaints, je le sais, de l'influence que la chambre exerçait sur la désignation des candidats. Il nous a semblé que ces plaintes manquent de justesse ; car, qui mieux qu'elle est en position de connaître les membres contre lesquels des plaintes ont été portées, ou bien dont la conduite ou le travail n'ont pas été absolument exempts de reproches ?

« Hier, seulement, j'ai eu connaissance d'un reproche bien plus extraordinaire encore, qui vient de lui être fait par une partie des membres d'une conférence. C'est que la chambre appelle toujours quelques anciens commissaires-priseurs, et que la compagnie demande qu'il n'y siége que des jeunes.

« Outre qu'une pareille prétention serait injuste et injurieuse en même temps pour les anciens commissaires-priseurs, elle priverait la compagnie des lumières que l'expérience et l'habitude des affaires leur a acquises, et leur absence pourrait lui porter un grand préjudice.....

« La chambre aurait dû d'autant moins s'attendre à un pareil reproche, que toujours elle a désiré qu'une partie de ses membres fussent pris parmi ses jeunes confrères, afin qu'ils puissent se former et s'habituer à la discussion des affaires, ainsi que sa composition l'atteste. »

Le 1er mars 1829 :

« ..... Je crois qu'il est essentiel d'appeler votre attention sur la position extrêmement délicate où se trouve placée en ce moment notre compagnie.

« Depuis plusieurs années, les chambres législatives ont eu à s'occuper de pétitions rédigées contre le colportage, et les ventes faites par les commissaires-priseurs des marchandises colportées provenant des manufactures.

« Comme il était connu à la chambre des députés que le ministère s'occupait d'une loi qui statuerait tant sur les attributions des commissaires-priseurs de province que sur les droits qui leur seraient alloués, ces pétitions furent renvoyées sans grands débats aux différents ministres qui en devaient connaître.

« Mais le 21 février 1829, et à l'occasion d'une pétition de même nature, dont le rapport a été fait à la chambre des députés, plusieurs orateurs, et entre autres M. Duvergier de Hauranne, non-seulement désapprouvèrent le colportage, mais, à cette occasion, déversèrent le blâme sur les opérations en général des commissaires-priseurs, d'une manière et en des termes qui ne permirent plus de se taire plus longtemps, sans donner à penser au public que les commissaires-priseurs étaient véritablement coupables des honteux excès qui leur étaient imputés et reprochés.

« Garder le silence eût, nous le pensons, mérité votre blâme, et c'était reconnaître que les méfaits attribués aux commissaires-priseurs existaient réellement.

« Votre chambre de discipline, toujours jalouse de maintenir l'honneur de la compagnie, regardant que c'est un dépôt sacré qui lui est confié et qu'elle doit combattre pour le défendre, a cru de son devoir de repousser les attaques dirigées contre le corps qu'elle représente. Elle l'a fait avec calme, sans aigreur, et comme elle a pensé qu'il appartenait à une corporation qui était assurée de n'avoir pas mérité les reproches qui lui étaient adressés, et encore comme répondant à deux orateurs qui, faisant partie d'un des trois corps organiques de l'État, avaient droit, par conséquent, aux égards dus aux législateurs.

« Elle a saisi en même temps l'occasion qui s'est offerte d'elle-même de flétrir dans l'opinion publique ces scandaleuses ventes de juifs, que beaucoup de personnes pensent qui ont lieu sous les auspices des commissaires-priseurs.

« Cette réponse a produit son effet, puisque M. Duvergier de Hauranne a fait insérer dans plusieurs journaux une lettre dans laquelle il annonce positivement qu'il n'a pas entendu parler, en aucune façon, des commissaires-priseurs de Paris, dans la discussion du 21 février.

« Sans doute, messieurs, nous devrions nous féliciter de ce résultat, et je mêlerais bien volontiers mes accents de satisfaction aux vôtres, si je n'étais personnellement affecté d'un sentiment fort pénible.

« Je désire, messieurs, que mes paroles ne retentissent pas au dehors ; car je voudrais me cacher à moi-même ce que je ressens. J'aurais voulu me taire ! mais mon devoir l'emporte sur mes répugnances ; l'intérêt général l'exige, le commande impérieusement, et je dois vous faire part de ce qui m'est arrivé depuis que la réponse de la chambre a paru dans les journaux.

« Une foule de lettres m'ont été adressées ; les unes sont fort honnêtes : j'y ai répondu.

« Les autres sont écrites d'un style qui ne me permettait pas d'y répondre sans me compromettre ; quelques-unes sont sans signatures ou sans adresses, ce qui revient à peu près au même.

« Mais plusieurs signées, et portant des adresses qui sont exactes, me font des reproches d'avoir osé affirmer que les procès-verbaux de mes confrères étaient tenus avec régularité, lorsqu'il était à leur connaissance qu'une foule d'irrégularités avaient été commises par des commissaires-priseurs de Paris, mes confrères, qu'ils me nommaient, et qu'ils étaient prêts à soutenir ce qu'ils avançaient.

« Un autre m'annonce qu'il présentera lui-même une pétition à la Chambre des députés l'année prochaine, pour *dévoiler*, ce sont ses expressions, les fraudes de mes confrères.

« Dans la crainte de ne pouvoir résister aux sollicitations qui me seraient faites, j'ai anéanti toutes les lettres que j'ai reçues ; ce secret, qui est le mien, puisque ces lettres m'ont été adressées personnellement et non pas sous la forme de dénonciations, restera donc avec moi et ne me quittera pas. J'ai lieu d'espérer que ceux qui ont quelques reproches à se faire m'en sauront quelque gré. Je leur demande, comme grâce unique, d'accomplir à l'avenir avec régularité les devoirs qui leur sont imposés. *L'oubli de ces devoirs nous retire sans compensation l'estime des honnêtes gens,* et peut nous exposer aux chances les plus fâcheuses, car la presse est libre, et toutes les plaintes sont accueillies à la tribune.

« Messieurs, la chambre de discipline ne peut pas seule sauver l'honneur de la compagnie ; plus que jamais les yeux sont ouverts sur nos actions, et nous devons éviter avec le plus grand soin toutes les occasions de plaintes dans un moment où nous sommes en rivalité avec plusieurs corporations, où les tribunaux ont à statuer sur nos nombreuses réclamations, et les chambres législatives sur nos attributions, et peut-être sur le fruit de nos pénibles travaux.

« Votre chambre de discipline compte donc sur le secours que lui doivent et qu'elle a droit d'exiger de tous les membres de la compagnie, et c'est en apportant la probité la plus scrupuleuse dans toutes nos relations avec les marchands et le public, en remplissant avec exactitude toutes les conditions que la loi nous impose, que chacun de ses membres lui prêtera le secours qu'il lui doit. Si malheureusement il en était autrement, la compagnie se verrait à jamais flétrie dans l'esprit de tous les honnêtes gens, et c'est certainement la perte la plus grande qu'elle puisse faire, puisque celle-là est irréparable. »

Enfin, le 19 mai 1830, dans un discours prononcé en séance générale, le président disait :

« Un aveu bien pénible et cependant qu'il est utile de faire, c'est que la compagnie des commissaires-priseurs de Paris se ressent, depuis plusieurs années, du malaise général qui tourmente depuis fort longtemps toutes les autres compagnies.

« Des plaintes, qui heureusement ne sont pas d'une gravité désespérante, se sont élevées de toutes parts contre les commissaires-priseurs en général. Ceux de Paris ont justement été alarmés, *parce que ces plaintes ont attiré l'attention de l'autorité, et que leur grand nombre a indisposé contre nous la justice.*

« J'ai cherché, pour ce qui concerne spécialement les commissaires-priseurs de Paris, d'où pouvait provenir le malaise de notre compagnie, et de quelles sources pouvaient prendre naissance les plaintes élevées contre elle.

« Plusieurs causes se sont présentées à mon esprit :
« 1° La diminution du nombre des affaires;
« 2° La cherté des offices;
« 3° Les remises que des officiers ont consenties sur leurs droits;
« 4° Le grand nombre de ventes volontaires dans beaucoup desquelles le public est trompé.

« En examinant avec une attention scrupuleuse ces différentes causes, je me suis convaincu que les deux premières n'y entraient pour rien.

« *Première*. La diminution des affaires.

« J'ai compulsé vos archives, et j'ai trouvé que le nombre des ventes avait augmenté chaque année.

« J'ai ouvert notre comptabilité, et elle m'a démontré que le produit de la bourse commune était chaque année plus considérable.

« J'ai donc rejeté ce premier motif.

« *Deuxième*. La cherté des offices.

« J'ai cru d'abord que c'était le prix élevé des offices d'où venait le mal, mais je n'ai pas tardé à reconnaître :

« 1° Que ce prix n'était pas en rapport d'augmentation avec celui des charges de tous les autres fonctionnaires;

« 2° Que les établissements par mariage étaient beaucoup plus avantageux qu'autrefois, toute proportion gardée;

« 3° Et que les dépenses de représentation ne s'étaient pas accrues sensiblement.

« Il m'a paru évident que c'était encore ailleurs qu'il fallait chercher les causes de notre malaise.

« *Troisième*. Les remises faites sur les honoraires.

« Ici se sont présentées des conséquences *véritablement effrayantes*.

« 1° Ces remises frappent entièrement sur la portion d'honoraires réservée aux commissaires-priseurs, puisque la bourse commune ne peut être atteinte. Ainsi tout ce que ces remises enlèvent est porté hors de la compagnie et ne profite à aucun de ses membres.

« Le commissaire-priseur, ne retirant plus de son travail le fruit qu'y avait attaché la sagesse du législateur, est obligé, pour récupérer tout ou partie de ce qui lui est ravi d'un côté, *de charger son mémoire de demandes exagérées, quelquefois même de frais supposés* qui mécontentent les parties intéressées, et commandent ces plaintes réitérées ; car, autant qu'il est possible de le faire, *c'est le public que l'on charge de combler le déficit occasionné par les retenues.*

« Ces remises mènent encore à d'autres excès : ne trouvant pas dans ces sortes d'opérations un gain honorable, c'est alors le grand nombre de ces ventes que l'on recherche, et comme elles ne peuvent s'obtenir que par intrigue, les prétentions des confrères qui avaient de justes droits à ces opérations se trouvent lésées. De là ces discussions entre confrères qui deviennent si vives, si animées, et qui, lorsqu'elles ne les font pas cesser entièrement, rendent du moins politiques des relations qui devraient être amicales ; de là ces *sollicitations* qui commencent d'abord par être *inconvenantes* et finissent souvent par devenir *scandaleuses* et nous retirent la confiance du public, que nous associons à nos démêlés, qui tôt ou tard est instruit de nos débats et de leurs motifs. C'est donc ici qu'est le siège du mal ! Ces sortes de ventes réclament toute la sévérité de nos investigations et l'application des peines que nous sommes appelés à infliger.

« *Quatrième.* Les ventes volontaires faites à vil prix.

« Ces sortes de ventes s'obtiennent encore par la remise la plus considérable possible des droits du commissaire-priseur, souvent même des frais fixés par la loi, et présentent également des causes de déconsidération par les démarches qu'il faut faire pour les obtenir, et les conditions qu'on impose à l'officier qui ne rougit pas d'y souscrire ; car la plupart du temps le public ne veut pas payer, non-seulement les honoraires de l'officier, mais encore les frais de retrait des objets dont le prix ne s'élève pas au taux qu'il a fixé. Il en résulte qu'une lutte continuelle s'engage entre les devoirs de l'officier et ses intérêts, et qu'attaqués de tous côtés, fatigués de combattre sans cesse, les devoirs ne pouvant se soutenir avec avantage, fléchissent et finissent par succomber. On commence par une infraction légère et sans importance, insensiblement on arrive à oublier les intérêts du corps dont on fait partie, pour ne plus penser qu'aux siens propres, et on finit par une infraction à la loi.

« Les conséquences d'une pareille conduite sont immenses, elles vous sont connues ; je ne vous affligerai pas dans leurs détails. Il est donc de nécessité absolue de surveiller ces sortes de vente de la manière la plus sévère. »

Telles sont les paroles de M. Berthon.

Il n'est pas besoin, pour en tirer les conclusions naturelles, de s'attacher à les souligner, encore moins de lire entre les lignes.

Quand l'honorable président flagelle de ses propres mains les auteurs d'actes répréhensibles, reprochés aux membres d'une compagnie dont il est le chef, que pourrait-on ajouter qui eût plus de poids et de portée ?

M. Berthon, dans sa manière en quelque sorte élégiaque, garde toute la mesure possible cependant, et même peut-être trop de mesure ; car on remarque avec regret qu'il insiste bien plus sur les intérêts de ses confrères que sur le côté moral de leurs actes, sur les intérêts du public et les garanties auxquelles il a droit.

A-t-il vu sa modération obtenir quelque succès ?

Les scandales dont il se plaint ont-ils diminué, ont-ils cessé ?

Il serait au moins superflu de formuler ici, à ce sujet, une réponse qui est dans la bouche de tous ceux qui ont suivi les opérations de l'Hôtel des ventes et qui ont intérêt à s'en rendre compte.

Si l'on n'a pas à gémir sur le *statu quo*, il n'y a pas non plus à s'applaudir de la marche des choses, qui, dans leur évolution, ont suivi sans façon la voie qui se trouvait juste à côté de celle des améliorations et du bien.

CHAPITRE VI

DE LA LIBERTÉ DES VENTES — CE QUE COUTE LA SERVITUDE

Il est évident, d'après l'exposé historique qui précède, que, depuis l'institution de la compagnie des commissaires-priseurs, ni le public, ni le commerce, ni le législateur, ni les économistes, n'ont aperçu ou même entrevu le nœud de la question.

Qu'est-ce, en principe, que le commissaire-priseur ?

Un officier ministériel qui préside aux ventes publiques aux enchères pour garantir le maintien de l'ordre dans ces sortes de ventes, pour sauvegarder les intérêts du vendeur contre les coalitions illicites qui pourraient lui porter préjudice, pour assurer au public le libre accès des salles de vente, pour veiller à ce qu'aucune marchandise volée ou contraire aux mœurs ne se glisse dans les encans, et enfin pour garantir au fisc la perception de son droit de 2 et 1 dixième pour 100 sur ces ventes.

C'est une création qui procédait du principe de la liberté commerciale, qui devait seulement assurer le fonctionnement normal et régulier de la libre concurrence.

Quant à la préservation des intérêts du petit détaillant de marchandises neuves, que le législateur de 1841 avait en vue, il ne saurait plus en être question aujourd'hui, que nous voyons fonctionner dans leur expansion formidable, protégées par ces mêmes principes de la liberté commerciale et de la libre concurrence, ces associations colossales, anonymes ou autres, que toute la France connaît, et qui, de leur côté, contribuent si activement en ce moment à la ruine du petit commerce.

Mais le législateur primitif a-t-il entendu faire de la compagnie des commissaires-priseurs le vendeur universel, unique, de toutes les marchandises anciennes, c'est-à-dire non neuves ?

A-t-il entendu réduire tout possesseur de choses anciennes, marchand ou non, à solliciter le détenteur du monopole de vouloir bien procéder à sa vente dans le délai que déterminera ce fonctionnaire, dans le lieu dont il imposera la location, avec les conditions, charges, réserves, etc., qu'il croira devoir imaginer ?

A-t-il, enfin, entendu mettre l'immense quantité des choses non neuves en coupe réglée entre les mains d'une corporation, alors que les corporations sont abolies ?

Mettre ainsi à la merci d'une compagnie privilégiée tous les possesseurs de valeurs en meubles qui ont besoin de réaliser ?

Tel est pourtant l'effet produit par la puissance de l'esprit de corps, lorsque, — comme c'est ici le cas, — oublieux de toute réserve, de toute notion d'équité, il s'abandonne sans scrupule aux suggestions égoïstes de l'ambition,

Le commerce, au lieu de se borner à critiquer les écarts de quelques membres de la compagnie, ne devait-il pas constater en même temps que c'est la force coalisée du monopole, de l'association des capitaux et des moyens de publicité qui le tue ?

Pourquoi les maisons de jeu font-elles de grands bénéfices, tout en procédant, celles-ci, sans tricherie et sans aucune manœuvre illégale ?

Parce qu'elles ont une chance que la loi réserve en leur faveur sur dix ou sur vingt, et que de plus elles opèrent avec un très-grand capital.

Eh bien, examinons les chances du commissaire-priseur dans sa lutte contre le marchand.

Le marchand paye patente et loyer, — et l'on sait de quel poids ces charges pèsent sur lui.

La compagnie possède son immeuble.

Le commerçant paye la location de son magasin 5, 10, 15, 20 francs par jour.

La compagnie se fait payer par le vendeur la location de ses salles 20, 30, 40 francs et même plus par vacation. Cela sera prouvé tout à l'heure.

Malgré ses dépenses de publicité, le marchand voit ses magasins vides de clients.

Le commissaire-priseur, qui fait payer sa publicité par les intéressés, voit ses salles de vente toujours pleines d'acheteurs et de curieux.

Le marchand qui pour une échéance, pour éviter le protêt, la faillite, est contraint de vendre rapidement aux enchères une partie de ses marchandises, est à la discrétion du commissaire-priseur, devant lequel il doit se présenter, pour ainsi dire, la corde au cou, sans pouvoir discuter les conditions de sa vente.

Et quelle est financièrement la condition respective du marchand libre et du marchand monopoleur ?

Un marchand a acheté, par exemple, un objet 200 francs. Il le garde une année en magasin sans pouvoir le vendre. Pour réaliser, il le porte à l'Hôtel. Faute d'enchères, il se voit forcé de le racheter à 100 francs, et finalement l'y revend à 150 francs.

Voyons le bilan de son opération :

10 pour 100 d'intérêt de 200 fr. pendant un an. .	10	»
15 pour 100 pour le rachat à 100 fr.	15	»
15 pour 100 pour la vente définitive à 150 fr. . .	22	50
Frais de transport, démarches, frais généraux .	10	»
Total.	57	50

50 francs de perte sur la vente et 57 fr. 50 de frais lui font une perte de 107 fr. 50 sur 200 fr.

Cette opération, désastreuse pour lui, s'est traduite pour la compagnie par un encaissement de 37 fr. 50.

Si une même marchandise passe six fois en vente (ce qui arrive souvent), *la compagnie en aura encaissé complétement la valeur.*

Conséquemment, si le marchand a présenté six fois cette même marchandise en vente publique aux enchères, il en aura dévoré toute la valeur à son actif.

Le vendeur abandonne, à chaque opération en vente publique, 15 0/0 de son produit.

La compagnie réalise un bénéfice, même alors que le marchand se ruine.

Cette comparaison parle assez haut. Pas de commentaires. Tout ceci est le contraire de l'égalité, le contraire de la liberté, le contraire de l'équité.

En vain exigera-t-on que nulle marchandise neuve ne se glisse dans les salles de vente.

En vain empêchera-t-on les commissaires-priseurs de s'intéresser dans aucune des ventes qui leur sont confiées ; — ils n'ont pas toujours besoin d'abuser pour devenir riches !

En vain même exigera-t-on que les experts, clercs, crieurs, commissionnaires, ne vendent ni n'achètent pour leur propre compte.

Le mal principal n'est pas là. Ou du moins il n'est là que dans ses conséquences. C'est dans sa cause qu'il faut le voir, dans sa cause qu'il faut l'atteindre.

Le mal, c'est le rétablissement, sous couleur de protection à la liberté et à la société, d'une *corporation fermée;* c'est la violation du principe de la liberté commerciale proclamé en 89.

Pourquoi le commerçant ne peut-il pas dire :

« J'ai accompli loyalement toutes les conditions, toutes les formalités prescrites pour avoir le droit d'acheter et de vendre librement.

« Je risque mon patrimoine, mon avenir, celui de mes enfants, mon honneur même.

« Tout ce que font mes concurrents, quels qu'ils soient, je dois avoir le droit de le faire.

« Que le privilége du commissaire-priseur disparaisse, — ou bien rétablissez le commerce en corporations privilégiées, afin que je puisse élever hôtel contre hôtel. »

Mais revenons à nos démonstrations. J'ai promis la preuve d'un fait allégué plus haut, à propos du prix de location des salles de vente imposé au vendeur. Voici cette preuve, toute fraîche cueillie, avec accompagnement de détails qui ont aussi leur *prix*, hélas !

Il s'agit d'une vente à l'Hôtel, dont le produit a donné le chiffre brut de 5,346 francs.

Donc, produit brut........		5,346
A déduire : Affiches et afficheurs......	29 80	
Insertion au *Moniteur des Ventes* ..	11 10	
Déclaration de vente.............	2 20	
Timbre du procès-verbal.........	3 60	
Enregistrement.................	137 75	
VERSEMENT EN BOURSE COMMUNE...	168 60	
HONORAIRES DU COMMISSAIRE-PRISEUR	168 60	
LOCATION DE LA SALLE............	61 20	
Hommes de peine...............	12 »	
	594 85	
A déduire : 5 0/0 reçus des acquéreurs.	267 30	
	327 55	
Déboursés divers :		
Honoraires de MM. X*** et Y***, experts.	168 60	
Frais de déplacement de l'un d'eux.....	15 »	
Impression et distribution du catalogue.	124 35	
Insertion au *Figaro*...............	30 10	
« à la *Chronique des Arts*.......	14 »	
« au *Moniteur des Arts*.........	9 »	
« au *Temps*, *Événement*........	36 10	
Tenture de la salle.................	30 10	
Aux commissionnaires.............	31 10	
Enregistrement de la décharge........	3 75	
	789 65	789 65
		4,556 35
Bordereau pris pour compte par le vendeur...................		2,736 85
Reliquat........		1,819 50

Il convient d'ajouter que, pour remédier, autant que possible, à l'effet déplorable d'un catalogue dont MM. les experts s'étaient arbitrairement réservé la rédaction, à l'exclusion du vendeur, celui-ci se vit forcé, à la dernière heure, de faire de nouveaux frais de publicité pour une somme de 300 francs. Disons encore qu'il paya 10 francs de pourboire aux commissionnaires, et 5 francs au crieur.

Tel est le fait dans toute sa crudité. Que ne puis-je me borner à répéter solennellement : « Pas de commentaires ! » Une telle réserve est au-dessus de mes forces. Il faut noter quelques détails. Toutefois, je serai sobre, je ne releverai que les parties saillantes. Mais je livre l'ensemble au jugement de tout esprit sérieux.

Ainsi (à tout seigneur tout honneur!), pour une vacation qui n'a pas duré trois heures (j'y étais), les honoraires du commissaire-priseur sont de 168 fr. 60 c. Que voulez-vous qu'on dise ? On s'incline et on murmure : Splendide métier ! A ce compte, s'il est vrai que chaque jour apporte son pain, l'inventaire annuel présente un résultat qui peut varier de 40 à 50 mille francs, petite moyenne. Parlez-moi d'un métier semblable, qui n'impose et n'exige ni fatigue ni grand savoir ; parlez-moi de ce métier pour enrichir rapidement son monde. La morale de ceci est qu'il en coûte cher, par nos temps de profonde misère, d'user d'un commissaire-priseur. Il est vrai que la loi du 18 juin

1843, dont nous allons nous occuper au chapitre suivant, ne montre pas tant de générosité; elle fixe à SIX FRANCS les honoraires de cet officier ministériel pour toute vacation de TROIS HEURES.

C'était bien maigre! Aussi y a-t-on mis bon ordre. Remarquons, en passant, ce que présente de choquant une simple comparaison.

Quelle carrière libérale pourrait offrir de tels avantages à si peu de frais? On la chercherait vainement. Toutes, ou presque toutes, exigent de longues et sérieuses études, une pratique soutenue, des aptitudes spéciales souvent difficiles à acquérir.

Que d'années d'études et d'exercice ne faut-il pas à un avocat, par exemple, quelle science du droit, de la jurisprudence, quel travail, pour arriver à la fortune, ou seulement à l'aisance!

Au notaire, à l'avoué, au magistrat même, quel labeur, que d'honorabilité, d'intégrité, de qualités précieuses!

Aux chefs des grandes industries, que de risques à courir, de dangers à affronter, de savoir, de vigilance, de recherches pénibles, et trop souvent pour se briser contre l'insuccès!

Au savant, que de veilles, que d'angoisses, que d'efforts opiniâtres, trop souvent aussi pour succomber à la tâche!

Il y a là, indispensablement, des réformes à opérer, un équilibre rationnel à rétablir.

L'œil de nos gouvernants, à quelque régime qu'ils appartiennent, peut sans déroger pénétrer dans ces détails, dont l'importance ne saurait leur échapper, et ils reconnaîtront combien il est urgent, ici encore, d'entrer dans la voie des redressements.

Continuons.

Ainsi encore voilà MM. les experts (ils étaient deux, s'il vous plaît, à cette vente), qui touchent pour honoraires, à eux deux, 168 fr. 60 c. Juste moitié moins que l'officier public. Pourquoi cette différence? Sans doute parce qu'un expert ne vaut que la moitié d'un commissaire-priseur. A mon sens, c'est bien payé, et ces messieurs, toujours en admettant la fidélité de la manne quotidienne, ne me paraissent pas précisément à plaindre. Aussi, est-ce pour d'autres que je réserve les trésors de ma tendresse.

Mais qui me dirait bien pourquoi deux experts dans cette vente? Pourquoi même un expert? D'où viennent ces personnages? Quel est leur mandat, quels sont leurs titres, pour tomber comme la bombe dans une opération semblable, et empocher, pour une présence de trois heures à peine, 168 fr. 60 à eux deux? Mystère!...

Que dire aussi de ces autres 168 fr. 60, figurant sous le nom de *bourse commune* et répartis entre la masse des commissaires-priseurs?

Que penseriez-vous d'un tailleur qui vous vendrait un vêtement 100 fr. au lieu de 50 fr., sa valeur réelle, sous prétexte qu'il a 50 fr. à répartir entre ses confrères de Paris ?

Si tout, en cette matière, n'était essentiellement sérieux, on serait tenté parfois d'y trouver une forte dose de bouffonnerie.

Une mention honorable au coût de tenture du local, salle n° 4 : 30 francs 10 centimes. C'est pour rien ! Quel vendeur ne voudrait, à ce prix, voir les objets qu'il expose *rehaussés* par les loques sordides qu'on décore ici du nom de tenture ?

Enfin, touchons au point visé précédemment, — le loyer de la salle, — qui, pour une occupation d'une durée si courte, a été payée 61 fr. 20 c. Assurément une nature maussade trouvera cela exorbitant.

Il faut raisonner cependant. Ici tout s'enchaîne. L'officier public coûte cher, les experts coûtent cher, la salle coûte cher. Et encore, à ce prix, appliqué aux autres salles pendant la période des affaires, le rapport de l'immeuble tout entier produirait à peine un million par an.

Bagatelle !

Maintenant, réfléchissez, clients de l'Hôtel.

CHAPITRE VII

LES PREUVES ABONDENT — LE BAT AU BAUDET

« Il sera alloué aux commissaires-priseurs :
« 1° Pour tous droits, par chaque vacation de trois heures, à Paris, Lyon, Bordeaux, Rouen, Toulon et Marseille........................ SIX francs.
« Partout ailleurs................ CINQ francs.
« 2° Pour tous droits de vente, non compris les déboursés pour y parvenir et en acquitter les droits, non plus que la rédaction des placards, sur le produit total des ventes..................... SIX p. 0/0, sans distinction de résidence. »

Qui parle ainsi ?

La loi du 18 juin 1843, article 1er.

J'en transcris les principales dispositions. Continuons l'article 1er :

« ... Il pourra être alloué une ou plusieurs vacations sur la réquisition des parties, constatée par procès-verbal du commissaire-priseur, à l'effet de préparer les objets mis en vente. *Ces vacations extraordinaires ne seront passées en taxe qu'autant que le produit de la vente s'élèvera à* TROIS MILLE FRANCS.

« Article 2. L'état des vacations, droits et remises alloués aux commissaires-priseurs, sera délivré *sans frais* aux parties. Si la taxe est requise, elle sera faite par le président du tribunal de première instance ou par un juge délégué.

« Article 3. *Toutes les perceptions directes ou indirectes autres que celles autorisées par la présente loi, à quelque titre et sous quelque dénomination qu'elles aient lieu, sont formellement interdites.*

« En cas de contravention, l'officier public pourra être *suspendu* ou *destitué*, sans préjudice de l'action en répétition de la partie lésée et des peines prononcées par la loi contre la concussion.... »

Voilà qui est parfaitement clair, net, serré, à la portée de toutes les intelligences, et, semble-t-il, non susceptible de diviser l'interprétation ou de se prêter à une élasticité quelconque.

Aussi voudrions-nous que ces quelques mots fussent inscrits, en lettres de deux mètres, sur toutes les murailles extérieures et intérieures de l'Hôtel des ventes, pour rappeler sans cesse à ceux qui en franchissent le seuil, aux uns, qu'ils ne doivent pas succomber à la tentation et tomber en péché; aux autres, qu'ils sont là sous l'égide et la protection des lois, et que leur droit strict est de les faire observer si l'on voulait s'en écarter.

En tout cas, personne ainsi ne pourrait prétexter cause d'ignorance.

Mais, précisément, je suppose, parce que le texte de la loi est net, précis, serré, jamais peut-être (qui le croirait?) aucun texte ne se prêta, dans son application, à une élasticité plus complaisante. Aussi en use-t-on!

Voici, en effet, une manière de l'interpréter et de l'appliquer qui prouve combien est juste ce que nous avançons.

On est arrivé, à force de presser le piston, à ce résultat admirable :

Aujourd'hui l'acheteur paye CINQ pour 100 sur le prix de son acquisition;

Le vendeur, DIX pour 100, — quelquefois plus, jamais moins.

Dix et cinq font QUINZE. La Palisse lui-même le dirait, s'il vivait encore.

Nous sommes loin, on le voit, des SIX pour 100 légalement exigibles de par la loi.

La Palisse en déduirait facilement aussi ce raisonnement peu transcendant :

« Sur une opération importante, cela doit donner des résultats ébouriffants. »

Prenons un exemple dans un passé relativement récent.

Le Musée du Louvre acquit un jour une toile moyennant cinq cent quatre-vingt-six mille francs.

On entend bien, 586,000 francs !

Il eut à payer sur cette acquisition près de 30,000 francs de frais.

Et le vendeur paya, de son côté, la bagatelle de 60,000 francs, — ce qui porta à 90,000 francs le total général des frais sur l'opération.

Car je ne puis imaginer qu'il y ait eu une remise consentie, la jurisprudence de la chambre de discipline, exposée ci-dessus par M. Berthon, est formelle.

Mais, pour rendre l'image plus saisissante encore, s'il se peut, plaçons ici le résultat d'une autre vente. Il s'agit de la collection F***, au sujet de laquelle nous entrerons plus loin dans quelques détails.

La vacation dura à peine plus d'une heure.

Produit : 515,000 francs en chiffres ronds. Nous négligeons les fractions.

Appliquons à ce chiffre une taxe de 10, 12, peut-être

15 pour 100, nous trouvons que la moisson est belle, que l'opérateur n'a point perdu sa peine.

Je rougirais de refuser mon admiration à ce qui est admirable.

A mon sens, ce n'est pas ici le cas.

Et cette circonstance particulière appellerait peut-être l'application des paroles prononcées par l'honorable M. Berthon à propos des faits généraux qu'il qualifie sévèrement de scandaleux.

Moins rigide, — et pour cause, — que l'ancien président, disons que c'est exorbitant.

Si l'éloquence des chiffres est une vérité, ceux-là ont une signification sur laquelle il est inutile d'insister.

Si seulement ils pouvaient guérir quelques aveugles qui ont des yeux et qui ne voient point !

Élevons maintenant d'un degré notre regard et prenons le fait par son côté moral.

Dans le premier des exemples rapportés, les frais ont été payés sans conteste par l'administration des beaux-arts, acquéreur, et par les descendants d'une famille opulente, qui vendaient.

D'un côté comme de l'autre, quelques milliers de francs de plus ou de moins parurent sans doute chose insignifiante, — « et fut le bon morceau tout entier avalé. »

Dans le second cas, nous voyons un grand artiste réalisant un chiffre énorme et qui présumablement a acquitté sans sourciller les charges de la vente.

Que fût-il advenu, cependant, si les premiers vendeurs eussent protesté et soumis le mémoire des frais à l'examen d'un juge taxateur ?

Que fût-il advenu encore, si M. F*** avait pris cette détermination ?

Ce n'est là cependant qu'un faible aperçu des conséquences qui peuvent résulter de cette âpreté à grever les opérations ; car le vendeur qui réalise de gros chiffres peut, sans trop souffrir, se montrer coulant.

Mais qu'il s'agisse d'un artiste pauvre cherchant quelques ressources dans la vente d'une collection moins importante, ou d'objets de moindre valeur ;

Qu'il s'agisse d'un commerçant, d'un particulier dans le besoin procédant de même en vue d'obtenir un semblable résultat ;

On voit où peut les mener l'application d'un tel système : tout simplement à absorber en frais le produit de la vente.

Bien heureux encore quand ce produit suffit et qu'ils ne sont pas obligés d'ajouter de leur poche pour combler la différence !

Cela s'est vu.

Nous en reparlerons au chapitre des *Syndicats*.

Un détail intéressant est celui des 5 pour 100 imposés par les commissaires-priseurs sur toutes leurs adjudications.

Aucune loi, aucun règlement ne prescrit le prélèvement de ce droit. D'abord arbitrairement exigé des acquéreurs dans les ventes volontaires, il passa si bien, qu'en peu de temps il fit son chemin, et que, depuis nombre d'années, on l'applique à toutes les opérations, — excepté à quelques ventes par autorité de justice, — en très-petit nombre, — et aux adjudications poursuivies à la requête de l'administration des domaines.

En cela comme en bien d'autres choses, si l'on a procédé avec une certaine hardiesse, ce n'a pas été, au moins, sans y mettre quelque sagacité.

Nous allons voir.

En fixant le chiffre des frais attribués aux commissaires-priseurs, la loi de 1843, citée déjà, n'indique pas par qui ces frais seront supportés, du vendeur ou de l'acheteur.

Comme il ne se fait pas une vente qui ne donne lieu à un minimum de frais de 14 à 15 pour 100, on a fait la simple réflexion que, si cette énorme charge tombait sur les épaules, soit du vendeur seul, soit de l'acquéreur, il y aurait peut-être matière à récriminations nombreuses.

Et l'on procéda comme il suit.

On divisa le fardeau. Le vendeur fut affligé du payement de 10 pour 100, et l'acheteur paya 5 pour 100 sur le prix de son acquisition.

On divisa, disons-nous, et l'on régna, et l'on règne, — très-paisiblement, — et aussi très-lucrativement !

Au contraire, il est à présumer que, sans cette sage précaution, on aurait vu parfois les intéressés recourir à la taxe, — et alors, réduction par ci, réduction par là, — méfiance générale peut-être, en tout cas, inévitablement, notable diminution des produits.

Ce qui, — sans compter le désagrément qui en fût résulté pour MM. les commissaires-priseurs, nous priverait de la satisfaction d'offrir au lecteur l'état des bénéfices vraiment magnifiques réalisés par ces officiers ministériels.

CHAPITRE VIII

LE PACTOLE — BÉNÉFICES RÉALISÉS PAR LES COMMISSAIRES-PRISEURS

La question des frais supportés par le vendeur et par l'acheteur nous conduit naturellement à celle des bénéfices dont ces frais sont la source pour les commissaires-priseurs.

En voici un échantillon; il a déjà de l'âge, on ne pourra donc le taxer d'exagération, et, pour être dans la vérité actuelle, il conviendrait, au contraire, — vu l'accroissement considérable des ventes et de leur produit, — d'en grossir les chiffres dans une notable proportion :

La bourse commune rapporte à chacun des commissaires 5,500 fr., soit, pour 80 (nombre de ces fonctionnaires quand le calcul fut dressé), tous frais déduits....	440,000 fr.
Les frais d'hôtel, d'employés, s'élèvent à environ..............................	60,000
Les commissaires-priseurs qui font les ventes touchent une somme égale à la bourse commune, puisque cette dernière n'est que la moitié de leurs honoraires à 6 pour 100, soit...................................	440,000
Les ventes faites à l'Hôtel s'élèvent en moyenne à 5,000,000 de francs par an, sur lesquels les commissaires-priseurs perçoivent 5 pour 100 des acheteurs, soit.....	250,000

En outre, il existe pour eux un bénéfice illégal qu'il est possible de fixer au moins à 3 pour 100 en plus sur le total des ventes.

Il consiste en remises de moitié sur affiches, remise de moitié sur les insertions, demandes de 15, 20 et 25 pour 100 sur certaines ventes, expéditions, vacations d'estimations et autres.

Que pense-t-on qu'il puisse rester à ceux qui achètent et à ceux qui vendent, quand MM. les commissaires-priseurs ont ainsi écrémé les bénéfices ?

Ce qu'il y a de surprenant dans ceci, c'est que tout

le personnel de l'Hôtel, — commissaires-priseurs, experts, crieurs, commissionnaires, — s'enrichit de cette façon, non pas en se bornant à prélever des émoluments légitimes, mais en profitant d'une situation qui résulte d'une simple tolérance de l'autorité.

Car nous l'avons dit, — et nous le répétons, — *aucune disposition légale n'a autorisé la création des hôtels de vente publique, et celui de la rue Drouot, pas plus que ceux qui l'ont précédé, ne fut jamais l'objet d'une autre consécration que celle de l'habitude et du temps.*

N'allons pas plus loin sans nous arrêter à cette mention de l'état qu'on vient de lire, relative au bénéfice résultant d'une remise sur les affiches et sur les insertions, et des demandes de 15, 20 et 25 pour 100, sur certaines ventes, expéditions, vacations d'estimations, etc.

Comment rester insensible au parfum de haute moralité qui se dégage d'un fait de cette nature, si en effet les choses se pratiquent ainsi? Je prie le lecteur de bien remarquer que le fait émane d'un document publié en 1848, mais que dans ma longue carrière typographique, je n'ai jamais rien vu, sous ce rapport, qui fût de nature à le démentir.

Le temps, il est vrai, « ferait encore des siennes » dans cette affaire, où sa complicité se trahirait de nouveau par la consécration d'un usage abusif.

Que ne consacrerait-il pas, avec le concours intéressé de certains appétits humains ?

Des affaires qui chaque année se traduisent par des sommes énormes sur lesquelles, nous l'avons vu, on coupe, on taille, on rogne, bénéfices sur bénéfices, doivent donner des résultats prodigieux.

Retenons le mot ; il exprime les choses dans leur vrai. Qu'on en juge.

Il suffit de quelques années d'exercice à certains commissaires-priseurs, — ceux qui font le plus d'affaires, — pour arriver à la fortune. Non à cette aisance modeste, péniblement acquise par les commerçants heureux après vingt ou trente ans de travail ; mais à la grande fortune, au million, souvent plus.

Les fortunes rapides font ordinairement jaser, celles-ci comme les autres.

On se demande volontiers par quel déploiement de génie, de talent, de travail, d'économie, d'ordre et de tous les mérites qui concourent au succès, on arrive à ces brillants résultats.

L'envie s'en mêle un peu ; — les vilaines suppositions vont leur train ; — la médisance ne s'en prive pas ; — et même le concert se complète parfois par un brin de calomnie.

Toutes choses regrettables certainement. Mais que voulez-vous ? C'est le sort inévitable de tout ce qui brille et s'élève par des moyens qui n'apparaissent pas aux yeux du vulgaire avec toute la netteté désirable.

Ici, du moins, tout découle naturellement des faits établis. La réponse se présente d'elle-même.

Un public spécial, affolé, aveuglé par on ne sait quels appâts ; — un public nombreux qui se renouvelle chaque jour dans la proportion de trois, quatre ou cinq mille personnes, — se charge d'alimenter le Pactole, dont les flots abondants sont avidement recueillis à l'Hôtel par des mains qui ne lâchent pas la proie.

Proie bien faite, d'ailleurs, pour éblouir un peu aussi ses heureux possesseurs à tous les degrés ; car, outre les commissaires-priseurs, — nous savons déjà que d'autres agents dégustent leur part relative de la généreuse liqueur.

A ce point que crieurs et commissionnaires, — imitant l'exemple d'en haut, — se sont, eux aussi, organisés en compagnie, et que les uns et les autres, — encore comme en haut, — vendent bel et bien leur charge à des prix que parfois on croirait inventés à dessein pour le futile plaisir de faire de la fantaisie.

Nous sommes cependant en plein dans le positif.

Mais, quand on considère :

Que cette moisson si abondante et si riche est le fruit de si peu de travail et d'efforts, quand la vie commune « est si dure à arracher pour tous » dans notre état économique ;

Que l'intelligence la plus ordinaire subvient ici à tous les besoins ;

Que la puissance du monopole suffit à procurer ces richesses ;

Que par la tolérance dont ce monopole est l'objet,

son action désastreuse porte les atteintes les plus graves au commerce de détail, aux intérêts de l'industrie et des arts, et à la fortune mobilière en général;

Enfin, quand on considère l'énorme écart qui existe entre le travail fourni, la peine qu'on s'est donnée, et les résultats obtenus;

N'est-on pas porté à penser que, s'il est beau et d'un bon exemple d'arriver à la fortune par des efforts honnêtes et soutenus, — il l'est beaucoup moins d'atteindre le même but en suivant une voie dont le côté moral laisse tant à désirer?

Il arrive quelquefois pourtant que des gens déjà pris à l'amorce, qui en ont gardé souvenir, donnent l'éveil autour d'eux et paralysent *les affaires.*

Alertes à la riposte, les faiseurs ont imaginé un moyen qui pare victorieusement à cet inconvénient.

On hésite devant des meubles neufs présentés comme anciens? Eh bien, pour donner une apparence de meubles d'occasion à des marchandises neuves, on loue pour quelques jours seulement des appartements vacants, moyennant une légère rétribution au concierge. On y dépose les objets de contrebande, on leur inflige quelques petites écorchures de ci, de là, et, dans cet état, on en opère la vente avec plus de facilité.

Le public est joué de nouveau. Quand il s'en aperçoit, il est trop tard, toujours trop tard; car on a payé rubis sur l'ongle, et il n'y a pas de réclamation à faire.

Une autre source très-productive encore est celle-ci :

Dans une vente après décès, je suppose, ou après faillite, on introduit quantité d'objets absolument étrangers à ceux qui ont appartenu au décédé ou au failli.

Un exemple, pris dans une publication spéciale, donnera une idée exacte de la manière dont on opère dans ce cas.

On vendait, après décès, chez un banquier. Sa cave, qui était célèbre de son vivant, fut disputée bouteille par bouteille.

Les amis du défunt, présents à la vente, furent excessivement surpris d'apprendre là que les vins et les liqueurs n'étaient pas seulement de première qualité, mais surtout en aussi incroyable quantité.

On mit en adjudication jusqu'à cinq mille bouteilles d'eau-de-vie !

On eut bientôt la clef du mystère.

Des industriels..... industrieux étaient parvenus à faire annexer à la vente du banquier un nombre considérable de bouteilles d'eau-de-vie, de liqueurs et de vins fins, lesquelles bénéficièrent de l'importance de la vente, et furent achetées environ huit fois leur valeur.

Quelques plaintes s'élevèrent. Des dégustateurs déclarèrent que l'eau-de-vie, qui avait été adjugée en moyenne à 12 francs le litre, était la même qu'on payait 40 sous chez tous les marchands de vin.

On répondit aux réclamations que, puisque ces immixtions étaient tolérées de temps immémorial, il n'y avait aucune raison pour s'en priver et pour que la vente dudit banquier jouît de priviléges spéciaux.

L'affaire en resta là.

Depuis ce moment, l'introduction, dans une vente, d'objets étrangers à cette vente, a pris des développements invraisemblables. Tant il est prouvé encore une fois que le vrai peut n'être pas vraisemblable!

La loi du 25 juin 1841 édicte, il est vrai, des peines disciplinaires contre les infractions à ses dispositions.

Malheureusement pour l'acheteur, — heureusement pour l'opérateur, — la pénalité est insignifiante. Elle consiste surtout en amendes inférieures de beaucoup aux bénéfices illicites qu'on peut réaliser en violant la loi.

Il en résulte que ceux qui la violent ont tout intérêt à continuer leur commerce.

CHAPITRE IX

LE PACTOLE COULE TOUJOURS

Elles sont innombrables les sources qui viennent grossir la masse des bénéfices réalisés à l'Hôtel Drouot par les grands-prêtres, les servants et les desservants du temple.

A celles que nous avons signalées, il convient d'ajouter : la caisse des commissaires-priseurs, instituée autrefois pour pondérer l'inégalité de la valeur des charges et pour faciliter les crédits indispensables à certains acheteurs, et alimentée au moyen d'une retenue de 6 0/0 sur toutes les ventes.

Il paraît, cependant, que ce système ne put atteindre, sous ce dernier rapport, les limites de la perfection. On y a introduit des modifications imposées par certaines circonstances. Mais c'est toujours la caisse qui, sans risques et sans charges, prête ses larges flancs aux *exigences* de la situation.

Avez-vous bien saisi la nuance ?

Pour plus de certitude, deux mots d'explication.

Autrefois, le vendeur profitait de la retenue ; à présent, c'est le commissaire-priseur.

Et tel est l'entraînement et la puissance attractive de certaines choses — qu'aujourd'hui le commissaire-priseur peut opérer à ses risques et périls.

Dès que vous l'avez chargé de vendre pour vous, que vous avez signé la requête de vente avec les clauses y annexées, — vous n'êtes plus rien à ses yeux, les objets composant votre vente ne vous appartiennent plus : ils sont à lui.

Et, bien entendu, quels que soient pour vous les résultats de la vente, il faut les accepter d'avance dans la requête. S'ils ne sont pas de nature à satisfaire le vendeur, il est rare, — bien rare ! — que le personnel de l'Hôtel n'y trouve pas son compte.

Que pourrait-on bien citer, dans tout ce qui s'y fait, qui ne fût matière à bénéfices ?

Ici, un simple point d'interrogation

Que deviennent les objets, en assez grand nombre, assure-t-on, qui, vendus et payés, sont définitivement oubliés et abandonnés par l'acquéreur dans les salles, les cours ou les remises de l'Hôtel?

Ces épaves, ou leur valeur, font-elles retour à l'État, comme cela devrait être?

Rappelons que nous sommes en présence de l'exercice d'un ministère officiel; mais que les titulaires, — n'ayant sans doute aucune prétention d'atteindre aux régions spirituelles de la sainteté, — se contentent modestement des compensations plus positives et plus terrestres qui naturellement et très-abondamment affluent dans leurs coffres.

Surtout, pénétrons-nous de cette vérité que les commissaires-priseurs, comme officiers ministériels, sont revêtus d'un caractère qui fait d'eux les défenseurs de la loi, ses stricts observateurs, les protecteurs, les conseils, les guides de leurs clients, et aussi les gardiens fidèles des droits de l'État.

N'oublions pas que leur ministère est en quelque sorte un sacerdoce, et qu'à l'Hôtel Drouot, vendeurs et acheteurs doivent trouver auprès de ces fonctionnaires justice, dévouement, désintéressement, protection.... et le reste.

On sait déjà si c'est bien là, en effet, ce qui attend à l'Hôtel le public qui constitue la masse des vendeurs et des acheteurs.

10.

CHAPITRE X

LE DOIGT DE DIEU

Varions maintenant un peu le ton, pour rapporter le mécompte essuyé par un commissaire-priseur dans une circonstance dont le souvenir dut s'effacer difficilement de sa mémoire.

Deux jeunes gens vont trouver Mᵉ X***, débutant, et, comme tout débutant, dévoré du désir de traiter des affaires.

« Monsieur, lui disent-ils, nous possédons une *Sainte Famille* d'André del Sarte, et nous désirons vous en confier la vente. »

Le jeune officier ministériel accepte et fait ses conditions.

« Nous désirons, dit l'un des vendeurs, que le tableau soit poussé jusqu'à 20,000 francs au moins. A partir de ce chiffre, vous laisserez aller les enchères. »

Mis en vente à 20,000 francs, le tableau descend à 15,000, puis à 10,000, à 5,000 — et enfin à 500 francs ! Personne n'en voulait. On semblait flairer quelque mécompte.

Le commissaire-priseur, impuissant à remplir son mandat vis-à-vis des vendeurs, allait retirer le tableau, quand tout à coup un monsieur fait irruption dans la salle, s'approche, examine la *Sainte Famille* à la loupe et dit :

« 600 francs ! »

Réconforté par cette aubaine inattendue, et fidèle aux intentions de ses clients, M° X*** met 700 francs.

Le nouveau venu en met 1,000, puis 2,000, puis 3,000.

Le commissaire-priseur montait toujours.

On arrive à 20,000 francs.

Le public, tout surpris, assistait silencieux à cette lutte pleine d'intérêt.

Le monsieur, cependant, hésite un peu ; puis, prenant une détermination soudaine, il s'écrie :

« 20,500 francs ! »

Radieux, le commissaire-priseur, qui n'avait pas d'ordre au-dessus de 20,000 francs, adjuge le tableau.

« Veuillez me faire passer votre nom, » dit-il à l'inconnu.

Celui-ci donne sa carte, enveloppée dans un billet de 500 francs.

« C'est tout ce que j'ai sur moi, dit-il, je donnerai le reste demain en venant chercher le tableau. »

Le lendemain, un des vendeurs se présente chez l'officier ministériel.

« Eh bien ? dit-il.

— Eh bien ! grand succès ! répond l'heureux commissaire-priseur.

— J'ai poussé jusqu'à 20,000 francs, et quelqu'un a mis 500 francs de plus.

— Vous avez du bonheur, car votre André del Sarte était faux. »

Une légère parenthèse pour faire ressortir tout ce qu'il dut y avoir de délicat, de suave, d'exquise satisfaction d'amour-propre, à faire monter jusqu'à 20,500 francs l'enchère sur une toile que l'on reconnaissait fausse.

Mais, patience. La morale n'est pas loin.

« Très-bien, dit le vendeur. Si vous voulez me payer de suite, vous m'obligerez ; je pars tout à l'heure pour l'Italie. »

Le commissaire-priseur donne les 20,500 francs, moins les frais….

Et il attend encore son acheteur, qui était tout

simplement le compère des deux possesseurs du faux André del Sarte.

L'histoire fit du bruit et fit rire aux dépens de l'officier ministériel, qui, sachant de son propre aveu, qu'il vend un tableau sous une attribution fausse, ne pousse pas moins les enchères, sans scrupule, sans hésitation.

Du moins, le châtiment ne s'est point fait attendre.

Que n'en est-il de même pour tous les cas où des opérations de ce genre procurent à leurs auteurs des gains illicites!

CHAPITRE XI

LES SYNDICATS

Dans le monde des marchands qui fréquentent l'Hôtel, personne n'ignore ce que c'est qu'un *syndicat*. Il n'en est pas de même dans le public.

Le public, en vue duquel se fait l'association spéciale appelée *syndicat*, non-seulement en ignore les ressorts, mais ne se doute même pas de son existence. C'est pour lui que nous allons entrer à ce sujet dans quelques explications... avec les ménagements requis.

Le syndicat est une association en participation

formée sous le manteau entre un ou plusieurs bailleurs de fonds, un ou plusieurs experts, quelquefois un agent d'annonces, ou même (pour sa part *d'honoraires*) un commissaire-priseur.

Les experts, — promoteurs et éclaireurs de l'entreprise, — se mettent en route, visitent les collectionneurs dans les villes ou les châteaux, en France et à l'étranger, font des offres, achètent au comptant ou à terme, et composent ainsi des collections, en apparence homogènes, destinées aux enchères de l'Hôtel Drouot, — dans un moment choisi, — après avoir appelé, surexcité l'attention et la convoitise du public à grand renfort de moyens de publicité habilement ménagés et dirigés.

C'est ainsi que des syndicats célèbres, — conduits par des faiseurs qu'il serait facile de nommer, — expédiaient naguère chaque année des experts ramasseurs dans les départements français, en Belgique, en Italie et en Espagne.

Il faut accoler un nom de possesseur à chaque collection ainsi formée, — parce que la confiance et l'entrain de l'acheteur se forment et se développent en raison de la notoriété de la collection mise en vente. Cette concession est facilement obtenue d'un amateur quelconque. Nous en verrons plus loin la raison.

S'il arrive que les pièces principales d'une vente, poussées par le syndicat à des prix excessifs et parfois insensés, ne soient pas adjugées en réalité, c'est-à-dire fassent retour au syndicat, par l'entremise d'un expert intéressé ou d'un officieux ami, le mal est réparable.

Ces pièces se trouvent *cotées*, et, présentées dans une vente ultérieure, elles atteindront peut-être le prix que le syndicat a décidé de leur imposer.

Puisque les plus belles conceptions humaines offrent toutes un côté faible, il n'est pas surprenant que le syndicat présente certains inconvénients et parfois de notables périls.

Comme il y a plusieurs parts de bénéfices à faire, — et de grosses parts, — par une conséquence forcée, on ne vise qu'aux gros chiffres. Là est la difficulté.

Le nombre des objets *rentrés* (parlons l'argot du lieu), c'est-à-dire restés pour compte aux agents du syndicat, faute de surenchère, est souvent considérable et paralyse la liquidation finale, situation qui s'aggrave à chaque nouvelle opération du syndicat, puisqu'elle augmente fatalement le stock invendu : de là embarras plus pesant, péril même.

Tout cela : difficultés, embarras et périls, sont presque toujours aplanis à la satisfaction générale, — grâce aux ressources intellectuelles des opérateurs.

Si bien même qu'on a pu, en développant ce système, donner un élan énorme aux ventes de l'Hôtel et annihiler le marché parisien libre, car il y a pour les objets modernes des petits syndicats qui fonctionnent, pour ainsi dire, en permanence pendant la saison des ventes, et dont je parlerai tout à l'heure.

On a pu organiser ainsi des ventes vraiment magnifiques. L'étranger, convié solennellement à ces fêtes de la grande brocante, n'a pas fait défaut et a enlevé de notre pays la crême de nos richesses artistiques disponibles.

Il a pris les Claude et les Watteau et nous a laissé les Diaz et les Corot.

D'un autre côté, alléchés par l'exemple, des syndicats se sont formés en Allemagne et à Londres et nous font une vive concurrence.

Par le système des syndicats, on peut décrocher de très-belles choses qui, sans cela, eussent pu subir un mauvais sort.

On a pu offrir une véritable fortune à des collectionneurs avisés qui avaient acquis autrefois à des prix infimes.

Le syndicat peut même payer cher une bonne collection, et, à l'aide d'une publicité non plus inintelligente, inerte, mécanique, mesquine, comme celle des commissaires-priseurs dans les ventes pour compte de la famille, — mais vigoureusement stimulée par le propre intérêt des associés, — atteindre des couches jusque là inaccessibles d'amateurs et d'enchérisseurs.

Un exemple curieux.

La collection de M***, de Lyon, n'avait été estimée

que 250,000 francs. Le possesseur s'arrêta au chiffre énorme de 400,000 francs.

Examen fait de plus près, il fut reconnu que cette prétention n'était pas exagérée, et l'on compta les 400,000 francs.

La collection, mise en vente à l'Hôtel Drouot, à la suite d'une publicité bien dirigée, produisit 750,000 fr.

Il est vrai qu'il y eut plus de 100,000 francs de frais.

Néanmoins, les coopérateurs ont pu se partager un joli dividende.

Il ne faut pas perdre de vue qu'il est indispensable, pour réussir en pareil cas, que les collections offertes aux enchères contiennent quelques objets de haute importance et de premier ordre, condition *sine qua non* du succès de ce genre d'opération.

Il n'y a guère de ventes très-fructueuses que celles de collections faites de longue main, connues et classées dans l'estime des amateurs.

Les faiseurs le savent bien.

Le vendeur bien inspiré trouve souvent un avantage sérieux à réaliser immédiatement le prix approximatif de sa collection, plutôt que d'abandonner le succès de sa vente à l'incurie d'un commissaire-priseur.

Celui-ci, qui devrait être l'homme du vendeur aussi bien que de l'acheteur, selon le vœu de la loi, est, au contraire, d'habitude, l'homme du riche amateur qui suit ses ventes, l'honore de sa familiarité, pénètre au premier rang par les portes interdites, et dont il espère conduire un jour la vente.

Il est aussi, dans les ventes sacrifiées, l'homme d'une espèce de société de marchands de bric-à-brac et d'étalagistes, qui lui vide les mains, — style imagé, — quand elles se trouvent trop pleines d'objets embarrassants.

A ces marchands, il fait, dit-on, de longs crédits... très-longs... et, dit-on encore (mon Dieu! que ne dit-on pas?), il éprouve parfois la tentation de favoriser ces revendeurs en fermant les yeux sur les manœuvres du *revidage* et de la *révision*.

Et cela pour ne pas voir déserter ses ventes par les membres de cette société, qui, s'il agissait autrement, pourraient céder à un sentiment rancunier, et faire autour de lui un vide inquiétant pour le rendement final de l'exercice.

Une parenthèse.

J'ai dit que le commissaire-priseur faisait, parfois, des crédits assez longs à certains marchands qui soutiennent ses enchères et le débarrassent du « menu fretin ». Je crains que le lecteur ne s'apitoie mal à propos sur ses chances de perte.... Qu'il se rassure, le commissaire-priseur suit d'un œil attentif les opérations du débiteur attardé, et connaît le moyen infaillible de faire refluer au moment précis, « psychologique », un fonds de magasin dans ses salles de vente du rez-de-chaussée.

Mais les mésaventures du petit collectionneur, de l'héritier naïf et du marchand en détresse, n'ont rien de commun avec celles des syndicats.

Revenons au possesseur d'une belle collection qui veut réaliser.

S'il réfléchit que le succès de sa vente dépend d'un expert, presque toujours indolent et insuffisant, intéressé seulement pour un vingtième environ dans le produit brut, et qui économise le plus possible sur la rédaction, l'impression et la distribution d'un catalogue que souvent il prend à sa charge; — si ce même possesseur est légitimement épouvanté des 15 ou 20 0/0 de frais sur le tout, auxquels il devra se résigner ; — s'il apprend, en outre, qu'en général, à moins d'un déplacement coûteux, de sa présence incessante, de sa surveillance active à la salle, pour défendre pied à pied les articles de son catalogue, il est une victime prédestinée à l'immolation sur l'autel du compérage, — non (soyons doux), de la camaraderie, — il n'est pas étonnant qu'en vertu de l'adage : « Un bon *tiens* vaut mieux que deux *tu l'auras*, » il se résigne à livrer sa collection à un syndicat, et consente à laisser mettre son nom au catalogue, aux affiches et aux réclames. Ces messieurs lui apportent gratis l'immortalité de son nom : ce n'est pas à dédaigner.

Comme moralité, on peut poser en fait que les neuf dixièmes des ventes *non montées*, — des ventes après décès, par exemple, — sont un véritable égorgement des intérêts du vendeur, et qu'il se produit ainsi une immense destruction, un gaspillage désolant de la fortune générale.

Pour ceux qui, n'ayant jamais assisté à certaines ventes de l'Hôtel, trouveraient l'expression un peu forte, il serait facile de la justifier. Point n'est besoin de chercher longtemps, les faits abondent, et notre seul embarras serait dans le choix, si embarras il y avait. Plus d'un de nos lecteurs en sait aussi quelque chose.

J'ai encore dans l'oreille le récit de ventes faites, ou plutôt bâclées dans ces conditions, et dans lesquelles des collections composées d'une soixantaine de tableaux passables, bien encadrés, ont rapporté à leurs possesseurs la somme dérisoire de *soixante* et *soixante-dix* francs, tant on avait exagéré les frais de salle, de catalogue, de transport, etc., mis à leur charge, et tant la vente avait été mal présentée et mal défendue.

A côté de ces syndicats célèbres qui s'appliquent à de belles collections de choses anciennes, j'ai dit qu'il y avait à l'Hôtel de petits syndicats quasi-permanents pour les œuvres modernes, « chauffées à blanc » (toujours style du lieu) à cette heure, par les spéculateurs de l'agio artistique.

Par qui et comment sont organisés ces syndicats, je ne puis le dire, mais c'est le secret de la coulisse ; tous les vrais habitués de l'Hôtel le connaissent. Je ne m'adresse, en ce moment, qu'aux provinciaux en vacances, et je leur dis :

« Avez-vous remarqué une ou deux salles, dont les murailles sont toujours garnies de « chefs-d'œuvre » des bons faiseurs du jour ? Paysages avec animaux de M. J***, aquarelles de A*** ou de C***, ou de H***, assaisonnés souvent d'œuvres secondaires ou de porcelaines d'une fraîcheur de tons ravissante.

« Demain, après-demain, ce sera le même aspect réjouissant et splendide de la salle, la même symphonie de vert épinard et de vert pomme, de cobalt, de laque et d'outremer. Tout cela a un tel air de famille, — j'allais dire une telle marque de fabrique, — se ressemble à tel point, que, si vous n'aviez pas vu, — de vos yeux vu, — adjuger et emporter les précieux trésors de la veille, vous croiriez que ce sont exactement ceux du lendemain.

« Eh bien ! non, je vous assure. Toujours les mêmes et toujours nouveaux !

« Triomphe des syndicats !

« Écoutez, c'est bien simple. Chacun de ces artistes dont vous admirez la *maestria* de la touche, les prodiges de l'empâtement, produit chaque quinzaine, pendant les grands jours de l'été, ses deux ou trois tableaux de dix mille francs pièce, ses sept ou huit aquarelles à 800 ou 1,000 francs chacune, et la saison de vente venue, un syndicat détaille et déblaie, haut la main, ce stock précieux, dans les salles que vous voyez. »

Les syndicats se composent de connaisseurs, hommes d'affaires avisés, de bons garçons aimables et spirituels, ayant des ramifications dans la presse, dans les gazettes et les chroniques d'art, dans toutes les agences de l'annonce. Ils savent par cœur le nombre d'*étoiles* des théâtres du boulevard qui commencent leur collection ; ils sont liés avec les agents de change, les hommes de finance qui se marient et décorent leur hôtel ; ils tutoient les secrétaires des nababs parisiens et des princes, ils savent comment s'y prendre pour « déclancher » (encore un mot technique) le Decamps et relever le Corot. Les départements, qui endossent souvent, bien qu'en maugréant, les lettres de change de la fantaisie et de la spéculation parisienne, se mettent bientôt de la partie et donnent avec une certaine ardeur la réplique de l'enchère.

Ajoutez au chiffre de leur clientèle la troupe aimable et enthousiaste des jeunes fils de famille, des étrangers élégants qui ne détestent pas une certaine dose de vernis parisien, et des spéculateurs aspirants, et vous comprendrez le succès prolongé de ces ventes de « grande attraction ».

Revenons aux inconvénients des syndicats.

Ils sont graves, au point de vue de l'intérêt général et du commerce, et leurs conséquences plus graves encore.

A la suite de ces ventes montées, on étale pompeusement, dans des journaux plus ou moins complaisants, des prix d'adjudication quelquefois réels, mais souvent absolument fictifs.

La masse du public, les petits marchands, les petits spéculateurs, le troupeau des *innocents* enfin, les prend au sérieux : c'est imprimé !

« Comme le commerce marche ! s'écrie-t-on ; comme il fait bon acheter pour revendre à l'Hôtel ! »

De là naissent divers phénomènes, certes très-regrettables à tous les points de vue.

La notion du bon, du beau, du vrai, de la valeur réelle en matière d'objets d'art, se trouve ainsi complètement faussée (1).

Les convoitises malsaines sont provoquées et alimentées.

---

(1) Je ne puis résister au plaisir de citer ici sans commentaire et sans y rien modifier un passage de la préface de M. Alexandre Dumas fils pour la nouvelle et magnifique édition de *Manon Lescaut* publiée récemment par MM. Glady frères, éditeurs.

L'illustre écrivain a dépeint les vicissitudes de la mode en matière de curiosité avec une sévérité que nous n'eussions pas osé nous permettre et une compétence que nous sommes loin de posséder.

« Notre époque, dit-il, est profondément ignorante. Ce qu'elle saurait le mieux, si elle était capable de savoir quelque chose, ce serait qu'elle ne sait rien. A cette ignorance, elle ajoute, pour plus de sûreté, une ferme résolu-

On se met en campagne, pour réunir, dans la mesure de ses forces et de ses aptitudes, une collection telle quelle, avec l'espoir d'en tirer au plus tôt grand profit.

On oublie que les goûts du public sont sujets à revirements, que les frais de ventes sont énormes, que

tion de ne vouloir rien apprendre. A part quelques artistes, quelques écrivains, quelques gens du monde, quelques critiques et quelques curieux, personne ne connaît ce dont chacun parle comme s'il en était rebattu.

« Jamais les bons livres n'ont été à la fois plus dédaignés et plus recherchés. Je m'explique. Un observateur superficiel, parcourant les quais ou les librairies qui avoisinent l'Odéon, et voyant à quel bas prix sont tombées les meilleures éditions modernes des chefs-d'œuvre du passé, un observateur superficiel resterait convaincu que chaque Français possède plusieurs exemplaires de ces chefs-d'œuvre, et que personne n'a plus besoin de les acheter, tant ils sont répandus et connus.

« Cet observateur se tromperait. Mais si, de là, il se rendait au passage des Panoramas, chez Caen ou chez Fontaine, il verrait que les éditions originales de ces mêmes livres, on se les dispute à des prix fabuleux. Ainsi les deux petits volumes de la première édition de *Manon Lescaut* se vendaient, il y a six mois, huit cents francs ; ils se vendent sans doute mille aujourd'hui.

« Quelle contradiction ! Un exemplaire qui coûtait deux écus il y a cent ans vaut mille francs aujourd'hui, et le même livre qui coûtait trois francs il y a dix ans ne vaut plus maintenant que un franc vingt-cinq et tout relié enles anciennes collections sont seules appelées à de grandes plus-values.

Sauf d'honorables exceptions, — de plus en plus rares ! — on ne collectionne plus pour soi, d'après ses inspirations personnelles ou guidé par la passion artistique. On vise à la spéculation et on spécule.

core ! C'est pourtant le même ouvrage. Comment cela se fait-il ?

« Un esprit superficiel s'étonne facilement : notre observateur profiterait donc de cette occasion de s'étonner ! C'est pourtant bien simple. Ces livres ne devant pas plus être lus dans une édition que dans une autre, on n'achète naturellement que les exemplaires qui sont passés à l'état de rareté, de curiosité, de bonne affaire. On achète les vieilles éditions, parce qu'elles coûtent cher, et les nouvelles sont bon marché parce qu'on ne les achète pas ; et on ne les achète pas, parce que ce serait une folie insigne de donner vingt sous d'un livre qu'on ne compte pas lire, tandis que c'est un trait de génie de donner mille francs du même livre qu'on ne lira pas davantage, mais dont on pourra faire montre et tirer vanité, en attendant qu'on le revende le double, ce qui ne saurait tarder. Voilà tout le secret.

« En effet, aujourd'hui, les beaux livres, comme les beaux meubles et toutes les autres curiosités, sont arrivés à faire partie des dépenses et du luxe d'un homme riche. Autrefois, il n'y a pas longtemps encore, on pouvait prouver que l'on était riche en se commandant un mobilier chez Mombro, en achetant ses voitures chez Clochez ou chez Ehrler, en se fournissant de chevaux

C'est le jeu dans son plus impérieux aveuglement, escorté de tous ses tripotages, faisant invasion dans le paisible domaine des arts et de la curiosité.

C'est la chasse effrénée, en vue de la trouvaille, qui se poursuit jusque dans les moindres bourgades, non-seulement en France, mais partout à l'étranger.

chez Crémieux ou chez Tony, en se faisant habiller chez Humann ou chez Alfred, en tirant son argenterie de chez Morel ou de chez Odiot, en habitant sur le boulevard des Italiens ou rue de la Paix, en ayant un bon cuisinier, en donnant des bals, en entretenant une danseuse ; aujourd'hui cela ne suffit plus.

« Si, après avoir montré ses meubles, ses voitures, ses attelages, ses habits, son hôtel, son argenterie, sa cuisine, ses salons, sa maîtresse, le millionnaire ne montre pas des porcelaines de Sèvres et de Saxe, des faïences, des émaux, des ivoires du *seizième*, des meubles, des bonbonnières ayant appartenu (dit le marchand) à Marie-Antoinette ou à Mme de Pompadour ; s'il ne montre pas des armures, des épées, des tableaux de maîtres anciens ou modernes (avec réflecteurs), des éditions *princeps* avec reliures du temps ; s'il ne montre pas enfin une collection quelconque, le millionnaire d'aujourd'hui ne sera pas un vrai millionnaire, ce ne sera qu'un enrichi. La noblesse de l'argent ne commence plus qu'à la collection ; c'est le parchemin du parvenu.

« Mais, comme il y a maintenant une quantité innombrable de millionnaires et qu'il n'y a pas la même quantité de chefs-d'œuvre en circulation, certains musées nationaux, certaines grandes familles et certains vrais ama-

L'Italie est épuisée de raretés de bon aloi, me disait récemment un amateur expérimenté ; n'allez plus même en Espagne, avec l'espoir d'y trouver une grande variété d'objets remarquables à acquérir. On a fait rafle sur tout, sauf les tapisseries, les broderies et certains meubles de mauvais goût. Il n'y a plus ni

teurs les ayant accaparés depuis longtemps, il a fallu faire concurrence au passé avec la production contemporaine, et à mesure qu'un artiste de talent meurt, quelquefois dans la misère, il se trouve un entrepreneur qui le découvre et le fait passer à l'état de maître. On se jette alors sur ses tableaux ou sur ses statues, et l'on voit vendre soixante, quatre-vingts, cent, deux cent mille francs des toiles ou des marbres dont personne ne voulait, quelques années auparavant, pour le prix modeste que l'auteur en demandait.

« Et voilà qu'il n'est déjà plus même indispensable à l'artiste d'être mort. Il peut être vivant ; il peut même être tout jeune. La consommation est si grande, que c'est à qui inventera un génie nouveau. Dès qu'on l'a trouvé, en France ou à l'étranger, on l'afferme, c'est bien heureux qu'on ne l'enferme pas, et, à chaque production nouvelle, les entrepreneurs se réunissent, s'extasient en déclarant que Rembrandt, Titien et les autres, n'étaient que de simples barbouilleurs.

« Il faut donc que l'observateur superficiel et toujours de plus en plus étonné se résigne, là où il croyait pouvoir constater un développement du goût, à reconnaître tout bonnement une forme nouvelle du luxe, spéculation chez ceux-ci, vanité chez ceux-là ! »

tableaux précieux, ni *manuscritos iluminados* comme au bon temps.

La conséquence de cette chasse aux grandes curiosités est facile à comprendre. Elle se traduit, d'abord, par une apparition brusque, sur le marché, de raretés de même espèce ou identiques, qui en fait forcément baisser la valeur, et ensuite par une complète raréfaction de « l'article », qui déconcerte le collectionneur.

Mais pendant un temps, chacun ne rêve plus que coupes de 100,000 francs, — casques de 80,000 francs, — manuscrits de 40,000 francs, — éventails de 6,000 francs, et toiles de Dupré, de Rousseau, de Decamps, de Troyon, de Delacroix !

Les marchands brocanteurs eux-mêmes, — quelques-uns, s'entend, — les étalagistes, les spéculateurs en chambre, perdent en matière de raretés tout sentiment de raison, toute tradition d'un commerce rationnel.

Les marchands d'une catégorie plus relevée ne se préoccupent plus que de ventes *montées* qui les indemnisent de leurs fréquents mécomptes, et un succès à l'Hôtel devient l'unique objectif de la plus grande partie de ceux qui vendent ou achètent.

De cette fièvre de spéculation résulte le désarroi du marché, le découragement des amateurs, une liquidation générale afin de profiter de l'engouement de l'heure présente, et, en fin de compte, un encombrement tel, à l'Hôtel Drouot, durant une certaine saison, qu'on peut y voir ce spectacle étrange, en une même journée, d'une bonne collection échouant dans la salle n° 5, tandis qu'une médiocre fait *flores* dans la salle n° 2, pour peu que le filet de cette dernière ait été mieux tendu.

Les hasards de la rédaction, de la distribution du catalogue et de l'affichage sont si mystérieux !

Le commissaire-priseur, — qui ne se préoccupe sérieusement, au fond, que d'un tant pour cent sur des blocs et de sa fin d'année, est assez insensible à l'insuccès de la plupart des ventes de marchands ou de spéculateurs isolés.

Quand on vit à l'ombre d'un monopole, on voit avec assez d'indifférence couler à vau-l'eau la fortune d'autrui : aussi arrive-t-il, sans que personne de l'Hôtel s'en étonne, cette singularité, entre autres, qu'un objet, acheté précédemment par un marchand 800 francs, et dont il a demandé 1,000 francs avec opiniâtreté, soit adjugé pour 80 francs.

Mais qu'importe à la compagnie cette mésaventure et tant de déceptions, tant de sinistres même ! Tous les naufrages ne font-ils pas échouer les épaves dans ses magasins et ne concourent-ils pas à lui assurer de plus gros dividendes ?

De ce qui vient d'être exposé, il semble résulter que seules peuvent réussir les ventes de collections célèbres ou celles qui sont organisées par les marchands banquiers, les pourvoyeurs de l'Hôtel et les syndicats.

Cependant, beaucoup d'amateurs avisés sont en défiance et prévenus contre les ventes *montées*.

Ils savent maintenant que rien n'y est abandonné aux hasards de la fortune, que les bons coups, — dont ils sont si friands, — deviennent difficiles ; que toute chose doit y atteindre le maximum de sa valeur, et que, hors le cas de curiosités d'une notoriété indubitable et introuvables ailleurs, un collectionneur bien inspiré doit tourner ses visées d'un autre côté.

La plus grande partie des marchands sont aussi devenus hostiles à ces sortes d'opérations, par une raison analogue, que voici :

Si, d'aventure, l'amateur s'abstient ou ne se présente pas, l'expert du syndicat est là, l'œil au guet, et il ne se rencontre plus de ces coups de filet *de l'heure du dîner* qui indemnisaient d'une longue attente et fournissaient l'occasion de gros bénéfices.

Ainsi pratiquée, la vente aux enchères, — qui devrait offrir des avantages réels si elle était entourée des garanties de sincérité et de loyauté que la loi a entendu y attacher, — est devenue une cause de ruine presque certaine pour tous autres que les faiseurs millionnaires et les agents parasites de l'Hôtel.

Néanmoins, le courant est formé et s'alimente, l'habitude est prise et règne dans toute sa force; bien téméraire peut-être qui se flatterait d'en avoir facilement raison, en imprimant une autre direction au commerce des arts.

En attendant, l'*aléa* de l'adjudication publique a émoustillé la fibre de l'amateur, stimulé son amour-propre, réveillé la passion du jeu endormie au fond de certaines âmes calmes en apparence, à ce point, que tel qui souvent, dans le magasin du marchand, ne paierait pas tel objet 100 francs, le paiera sans effort apparent 1,000 francs en présence d'une galerie fiévreuse, émerveillée, entraînée par toutes les émotions et les fascinations des enchères savamment engagées et entretenues.

Aussi, peu de marchands, aujourd'hui, sont-ils en état d'entretenir un courant d'affaires suffisant s'ils ne sont en même temps ou experts, ou commissionnés, ou intéressés à n'importe quel titre dans ces sortes de ventes.

L'heure est néfaste, il faut le reconnaître et le dire sans hésitation.

Les grandes collections sont parties ou en voie de disparaître, et c'est bien ici le cas d'appliquer cette image pittoresque : « Il faut rentrer les paniers, vendanges sont faites. » Le bal effréné conduit par les Morny, les Persigny et autres, prend fin. On peut désormais éteindre les bougies.

On ne recommence plus les grandes collections. La saine passion du beau, réfléchie, mûrie par l'étude, qui se satisfaisait à l'aide d'un sacrifice quotidien de quelques francs, est supplantée par la fièvre de l'agio artistique.

On n'achète plus pour posséder et pour jouir, mais en vue de revendre. Les brocanteurs d'autrefois, — ces modestes marchands dans lesquels il n'était pas rare de rencontrer des connaissances étendues et de l'érudition, et qui avaient formé tant de petits amateurs, — ces petits brocanteurs ont disparu, remplacés par les faiseurs.

Les anciens collectionneurs disparaissent à leur tour en vidant les mains, et il ne s'en forme plus de même race.

L'art pour l'art, il n'en faut plus parler.

On fait à présent de l'art pour l'or.

Tel est le fruit de l'influence délétère du monopole.

CHAPITRE XII

UN DANGER NOUVEAU

Il résulte de ce qui précède que les agissements de l'Hôtel des ventes exercent sur le commerce en général, sur la fortune mobilière et sur le goût public en France une influence funeste.

S'il pouvait rester des doutes à ce sujet dans quelques esprits, il serait facile de multiplier les preuves et de faire la lumière dans les intelligences les plus rétives.

A ce propos, se place ici naturellement un fait qui porte avec soi un grand enseignement.

Nous voulons parler du mouvement de décentralisation qui est en voie de s'opérer.

L'inertie prolongée du commerce parisien en présence des écarts de l'Hôtel Drouot, les abus qu'on ne cesse d'y relever, — peut-être même les énormes avantages qu'ils procurent à ceux qui profitent du monopole, — ont opéré dans nos départements et à l'étranger, une réaction, un revirement commercial et une velléité de concurrence dont Paris aura à souffrir dans un moment qui n'est pas très-éloigné.

Déjà nos principales villes travaillent activement à leur décentralisation artistique et industrielle. Bordeaux, Marseille, Lyon, Lille, Toulouse, etc., ont abordé depuis un certain temps, et non sans quelques succès, les ventes aux enchères de marchandises diverses et d'objets d'art.

Les collectionneurs de province, les possesseurs de collections par voie d'héritage, légitimement effrayés des mécomptes, — pour ne pas dire des sinistres, — éprouvés par leurs amis ou connaissances qui avaient aventuré leur fortune mobilière aux mains des commissaires-priseurs de Paris, voudraient parvenir à une réalisation moins onéreuse sous le rapport des frais et qui ne fût pas exposée aux chances du gaspillage prodigieux de l'Hôtel.

A l'étranger, les mêmes faits se produisent. Dans les centres importants de la Belgique, de la Hollande, de l'Allemagne, de l'Angleterre, partout enfin, les ventes aux enchères se multiplient, dans le but évident de détourner le courant qui alimente le marché parisien, en offrant au vendeur et à l'acheteur des garanties plus sérieuses.

Comme nous l'avons vu au chapitre précédent, les experts ramasseurs au profit des syndicats récoltent de jour en jour avec plus de difficultés des collections ou même des objets précieux en province. C'est ainsi qu'ils en sont arrivés, selon l'expression de M. Alexandre Dumas, « à inventer des génies nouveaux », pour satisfaire aux besoins de l'immense agio de l'Hôtel. Mais, contrairement à l'opinion commune, nos départements recèlent encore plus de raretés artistiques anciennes qu'on n'est porté à le croire généralement. Nous l'avons bien vu par la récente exposition de Lille. (Voir *Gazette des Beaux-Arts*, décembre 1874.) Seulement, ces nombreuses richesses artistiques ne sont pas disponibles, leurs possesseurs y sont d'autant plus attachés qu'ils sont au courant des prix obtenus dans les ventes célèbres, qu'ils sont moins tourmentés du besoin de spéculer et qu'ils savent que les millionnaires de l'Europe et de l'Amérique apprécieront toujours plus les belles œuvres du passé, vraiment rares, que les productions en vogue des artistes contemporains.

C'est surtout sur leur propre terrain que les chercheurs actifs des départements ont trouvé les éléments nécessaires, ceux-ci pour créer ou compléter une collection particulière, — ceux-là pour garnir leurs magasins, — d'autres pour organiser des ventes publiques.

Mais il y a un fait important à noter.

Le commerce de Paris alimente en grande partie aujourd'hui les marchands d'objets d'art, les libraires anciens de province, et les collections des amateurs des départements. On n'a pas le loisir, à cent lieues de Paris, d'abandonner pendant cinq à six mois ses affaires pour disputer aux marchands des boulevards les bonnes aubaines de l'Hôtel. On se pourvoit dans les magasins parisiens en une ou deux semaines de séjour dans la capitale.

Si le commerce de Paris succombe, par la cherté des loyers, par la concurrence insoutenable de l'Hôtel des ventes, c'est presque tout le commerce de la France qui sera frappé à mort du même coup. Il n'existera plus de moyen régulier d'alimentation pour les marchands des autres villes et ils ne pourront plus alors créer et satisfaire de nouveaux amateurs.

Ce que font nos départements, ce que font les étrangers pour susciter une concurrence à l'Hôtel Drouot, en constituant de nouveaux foyers d'activité commerciale, tous ont incontestablement le droit de le faire. La décentralisation, entendue dans ce sens, ne peut que profiter à la prospérité, à l'activité, à la grandeur intellectuelle du pays, à sa civilisation.

Ce qui cause la destruction d'une partie de la fortune mobilière du pays par l'Hôtel Drouot, c'est la nécessité quasi-absolue de porter là, non ailleurs, et dans une saison déterminée, des quantités importantes de marchandises à vendre en cas de liquidation pressante. De l'encombrement naît le désordre et le gaspillage. Le vendeur peut rencontrer un bon résultat, ou passable, ou mauvais, mais on ne peut rien affirmer ni rien prévoir à l'avance. Un de mes amis, qui avait demandé pour sa vente une salle de l'Hôtel en décembre, s'est vu ajourner jusqu'au milieu de mai : toutes les salles disponibles du premier étage étaient retenues. Jugez quel a dû être le résultat d'une telle opération! — La ruine.

Croit-on que s'il existait une ou plusieurs concurrences sérieuses au monopole les choses pourraient se passer ainsi ?

C'est aux intéressés à ne point abandonner leur salut aux chances du hasard. Il est bien étrange de voir que les coups droits portés à l'Hôtel de la rue Drouot viennent des départements et de l'étranger, quand le commerce de Paris, quand l'État lui-même, si directement intéressés dans la question, assistent impassibles à ce spectacle qui met en jeu et compromet les intérêts les plus considérables.

Comme si ce n'était point assez pour le commerce parisien de supporter toutes les charges dont il est accablé, et qu'il doive se voir enrayé par un monopole qui menace ses dernières ressources, et dont l'action est aussi démoralisatrice que contraire à la marche normale des transactions !

L'instance est pendante depuis 1848 ; quel terme pourra-t-on assigner désormais à la situation déplorable dont nous nous plaignons ? Attendra-t-on la prescription trentenaire ?

Pour les uns, — pour ceux qui ont l'habitude de s'incliner devant les abus qui émanent de quelque centre puissant par l'argent ou l'esprit de corps, — il n'y a rien à faire qu'à gémir. Race moutonnière s'il en fut, créée et mise au monde pour être perpétuellement tondue, — destinée à tendre le col au couperet, — ne pouvant sortir de son inertie et se butant à ce raisonnement faux : « A quoi bon combattre et renouveler pour la cent-millionnième fois le vieil apologue du pot de terre contre le pot de fer ? »

D'autres, heureusement, — et ce sont de beaucoup les plus nombreux, — envisagent les choses différemment. C'est pour ceux-ci et avec ceux-ci que nous agissons et agirons. Chez eux, on trouve de la volonté ; avec eux on peut aboutir et l'on aboutira.

Nous tenons un remède efficace. Il s'agit de ne pas se tromper dans l'application. Mais il est urgent d'aviser.

On ne saurait trop le répéter, il faut se mettre à l'œuvre.

Les mains pleines de faits, on peut élever assez la voix pour se faire entendre en bon lieu et obtenir des réparations de plus en plus pressantes.

Quand, pour soutenir sa cause, on s'appuie sur la vérité et la justice, le triomphe est certain. Il suffit de quelque persévérance, d'un langage modéré, mais ferme, et l'on touche quelque jour au but désiré.

Nous venons de dire qu'il existe un remède pour rendre au commerce la possession de son influence légitime, au public sa liberté d'action, si gravement atteintes par les envahissements du monopole.

Il suffira pour cela de poursuivre et d'obtenir des mesures qui d'abord astreignent les officiers ministériels, sous des peines sévères, à se renfermer strictement dans les attributions qu'ils tiennent de la loi,— et qui ensuite confèrent aux commerçants et aux particuliers le droit de procéder par eux-mêmes aux ventes aux enchères de marchandises neuves et anciennes.

Voici un projet de pétition dans ce sens à l'Assemblée nationale. Cet essai, qui complète notre travail, n'est, répétons-le, qu'un projet, qu'un minimum de demande ; mais il peut donner une idée assez juste de la marche à suivre pour obtenir une satisfaction déjà trop attendue.

CHAPITRE XIII

PROJET D'ADRESSE A L'ASSEMBLÉE NATIONALE

Messieurs les députés,

Les artistes, les commerçants soussignés, les possesseurs de collections, ont l'honneur de vous soumettre les considérations suivantes, en vue d'obtenir une loi autorisant la vente aux enchères en même temps qu'à l'amiable de toutes les *marchandises neuves ou d'occasion* servant à l'ornementation ou à l'ameublement.

La loi a créé des officiers spéciaux, pour la vente, dans des cas spéciaux et aux enchères, des meubles et effets mobiliers, pas autre chose.

Elle leur a, par voie de conséquence, interdit la vente des marchandises neuves. — Leur concurrence a été regardée avec défaveur par le législateur, protecteur du commerce régulier et du consommateur.

Des besoins nouveaux, qui se sont produits sur une grande échelle, demandent une institution rivale de celle des commissaires-priseurs, à Paris, pour la vente des marchandises neuves ou d'occasion et des objets de curiosité.

Voici quelques-unes des raisons importantes qui militent en faveur de notre demande.

Le marchand de curiosités, pour ne parler que de cette catégorie, ne fait pas concurrence au négoce régulier. Son commerce est spécial ; il agit sur des marchandises déclassées, vieilles, antiques même, et purement d'occasion ; le législateur n'a personne à protéger contre sa concurrence inoffensive. Il n'achète pas à la fabrique, ni au commerçant, des marchandises courantes, pour vendre ces marchandises courantes au rabais et en concurrence avec qui que ce soit.

Il achète généralement au comptant du particulier. La réalisation rapide du prix des marchandises vendues ne peut nuire à personne, puisque ces marchandises ne sont le gage d'aucun créancier commerçant ; elle profite, au contraire, à tous, en favorisant le renouvellement incessant des objets d'occasion à vendre.

Quelle que soit la masse d'objets que cette industrie

livre instantanément, on ne pourra pas dire qu'elle écrase le marché, et qu'elle interrompt brusquement les relations ordinaires du commerce de détail.

Donc, en recourant à la voie des enchères, nous n'employons pas un moyen de favoriser des spéculations aussi contraires à l'esprit du commerce que nuisibles à sa prospérité, comme on le voit à la salle des Ventes.

Au contraire, nous demandons à ouvrir un marché nouveau, utile à la grandeur de la France et à la prospérité du Trésor; utile à la liberté et à la loyauté des rapports entre l'acheteur et le vendeur.

On a organisé en Angleterre une société à un capital considérable, pour la vente des objets de curiosité. Les Anglais savent qu'un marché dirigé par des officiers publics est restrictif de la liberté commerciale, et, voyant l'éclat de notre salle des Ventes malgré cet obstacle, ils emploient leur grand moyen pour déplacer le marché à leur profit, et extraire de notre pays le trésor de sa richesse mobiliaire. Ce moyen, le libre échange, vous lui avez rendu un éclatant hommage en lui restituant son domaine en France. Faites donc que la liberté soit donnée à notre industrie ici, comme elle existe en Angleterre, en matière de ventes aux enchères.

Avec cette liberté, vous retiendrez le marché des curiosités, qui, à des conditions égales par ailleurs, aura la préférence des acheteurs étrangers, à cause de la supériorité du goût français dans les choses de ce genre.

Le trésor public est grandement intéressé à la création de cette entreprise. Avec la multiplicité des ventes, et l'importance des choses vendues, les versements des droits de vente dans les caisses de l'État deviendront bientôt supérieurs aux versements faits par les commissaires-priseurs. Ceci n'a pas besoin d'être démontré.

La loyauté des rapports entre l'acheteur et le vendeur doit être l'œuvre du législateur en même temps que le résultat des facilités entre les contractants. On reproche, entre autres choses, à la vente aux enchères actuelle de charger le vendeur de frais exagérés, de favoriser bien des méfaits et des contraventions à la loi, et on attribue cela à l'irresponsabilité du vendeur apparent, tiers parasite, quand le vendeur réel n'a pas plus que lui d'intérêt à la moralisation du marché ; car la salle des Ventes est devenue un véritable marché, par la force des choses, l'empiétement sur les droits du commerce, au profit d'une corporation privilégiée et aux dépens du public. On signale tout particulièrement les abus suivants, en ce qui concerne la salle des Ventes de Paris :

Son existence n'est autorisée par aucune disposition légale.

La loi du 25 juin 1841, limitative des attributions des officiers ministériels chargés des ventes de marchandises neuves, est violée ouvertement, puisque la salle des Ventes de Paris est alimentée en partie par des marchandises neuves, vendues isolément ou mêlées à des ventes faites par autorité de justice conformément à l'article 8 de la loi.

En dehors et en sus des ventes faites par autorité de justice, auxquelles devraient être limitées leurs attributions, les commissaires-priseurs vendent tout ce qu'on leur donne à vendre, quelle qu'en soit la qualité ou la provenance, et font même fabriquer pour la vente. Ils se lancent ainsi dans le mouvement commercial et économique, ce qui leur est défendu.

Ils s'entourent d'agents auxquels ils laissent prendre la qualité d'experts et qui sont des complaisants ou des participants.

Les frais de vente s'élèvent à 15 0/0 et souvent au delà.

Les commissaires infligent à l'acheteur un droit de 5 0/0 qui n'est pas inscrit dans la loi.

Les enchères sont poussées sans acheteurs.

Il y a sur les ventes à l'Hôtel un jeu alimenté par des syndicats, des participations, des ententes, des compérages; en sorte que les intérêts des vendeurs et des acheteurs vrais sont faussés.

C'est de la démoralisation en plein soleil, sous l'apparence d'une protection légale.

Si vous sanctionnez notre demande, tous les inconvénients existants disparaîtront.

Les commissaires-priseurs rentreront dans la lettre et dans l'esprit de leurs attributions,

Vous aurez l'honneur d'avoir épargné au pays une incarnation nouvelle des fermiers généraux de l'ancien régime,

Et vous aurez rendu au commerce parisien une confiance, une pleine vie, une activité qui ne seront pas sans action sur le développement de la prospérité générale.

CHAPITRE XIV

CONCLUSION

Il n'y a donc plus à reculer, il faut porter la cognée jusqu'aux racines du mal et l'extirper.

Mais comment y arriver, quand déjà il a résisté à des efforts d'une certaine puissance ?

En le voulant fermement.

En vous réveillant, vous, les principaux intéressés, qui périssez du cancer qui vous ronge.

En vous reconstituant d'urgence en groupes professionnels, par la voie des chambres syndicales, qui concentreront votre action et dirigeront vos efforts.

Alors, légalement réorganisés, arborez sans hésitation la bannière de la liberté commerciale, en requérant isolément ou en nom collectif un officier public de faire des ventes à votre appel dans un local choisi par vous et dans le temps que vous aurez fixé.

Demandez ensuite la prompte réduction du nombre des commissaires-priseurs au chiffre rigoureusement nécessaire pour les besoins constatés du service, afin qu'il ne soit plus question de ce moderne tonneau des Danaïdes, appelé la *bourse commune*, singulière mise en pratique du COMMUNISME ÉGALITAIRE, réprouvé à bon droit.

Et une fois accomplie la suppression de l'inique bourse commune, pourquoi ne porterait-on pas le droit de l'État à un taux supérieur ?

Serez-vous les premiers, d'ailleurs, à échapper aux serres de l'odieux monopole ?

Comment font les grandes administrations publiques pour leurs ventes ?

L'administration des domaines, les ministères, le Mont-de-Piété, font-ils vendre à l'Hôtel Drouot ? Nullement. Personne n'ignore leur manière de procéder, qui les affranchit de l'écrasant fardeau des frais de l'Hôtel.

Bien plus, et comme pour éclairer votre marche, des ventes particulières se font dans ces conditions.

Et c'est bien à tort, assurément, que vous redouteriez cette liberté réparatrice à laquelle on vous convie.

Rachetés d'une servitude mortelle, l'occasion ne vous manquera pas, par votre action individuelle ou par l'association, d'atteindre aux collections qui vous échappent aujourd'hui, — de ressaisir des marchés devenus chimériques, — de ramener à vous l'attention de la haute clientèle, — et vous aurez de plus la certitude de pouvoir conduire vos liquidations comme vous l'entendrez, c'est-à-dire à votre avantage, non au profit de qui vous savez.

Il faut une manifestation imposante par le nombre, soutenue, marchant au but avec cette fermeté qui ne se laisse ni arrêter, ni décourager par les obstacles à franchir.

Il est impossible qu'on ne vous entende pas, qu'on ne vous écoute pas.

Placés dans leurs postes pour veiller au respect des lois, pour en provoquer de nouvelles au besoin, pour protéger une liberté légitime, ceux qui auront à prononcer ne déserteront pas leur mandat, dès qu'il s'agit d'une œuvre de salut, qui intéresse non-seulement le commerce et la propriété foncière, mais les ressources financières, mais la fortune générale de la France, mais la tranquillité publique elle-même.

Je m'explique.

On dit, de par le monde, que l'autorité ferme les yeux sur ce qui se passe à l'Hôtel des ventes, par cette raison que le fisc trouve des avantages considérables dans l'immense agglomération des affaires qui s'y traitent, et que si l'on réduisait les commissaires-priseurs aux seules opérations indiquées par la loi, les droits fiscaux subiraient une décroissance sensible.

Cela n'est admissible à aucun point de vue.

D'abord, parce qu'on doit envisager de plus haut des faits graves qui affectent non-seulement les intérêts généraux du commerce, ceux d'une partie considérable de la population, mais encore et surtout la loyauté et la moralité publiques.

Et quant au prétendu préjudice qui en résulterait pour l'État, nous allons prouver qu'il y aurait au contraire avantage pour lui si, au lieu de laisser faire, de laisser aller, des mesures efficaces assuraient la liberté des ventes.

Il en résulterait fatalement que le courant irréfléchi, affolé, qui s'engouffre à l'Hôtel, s'éparpillerait et ferait retour aux marchands, au profit de tous : de l'État, qui bénéficierait sous forme de contributions et de patentes, — aussi bien que des propriétaires d'immeubles et des commerçants.

Car pour quelle raison alors vendrait-on moins chez ceux-ci qu'à l'Hôtel ?

Précisons notre pensée par des chiffres. Pour chaque million de francs d'affaires traitées à l'Hôtel, le fisc perçoit 2 et 1 dixième pour 0/0, soit 21,000 francs. Répartissons ce même million d'affaires entre *dix* commerçants qui paieraient chacun 10,000 francs de loyer et 5,000 de contributions. Nous trouvons à l'actif de la propriété foncière 100,000 francs et à celui du fisc, plus de 40,000 francs, car on sait que les magasins vides ne paient point l'impôt.

Multipliez ces chiffres par le nombre de millions réalisés à l'Hôtel, chaque année, et jugez du résultat !

Ne sommes-nous donc d'ailleurs en présence que d'une question d'écus ?

N'est-il pas souverainement injuste d'accabler le commerce d'impôts de toutes sortes, — patentes et autres, — de consommer ainsi sa démoralisation, pour voir le client déserter ses magasins et enrichir des gens qui ne prospèrent qu'à son détriment au moyen d'un privilége contraire aux principes économiques?

N'est-ce donc rien non plus que de semer ainsi, dans le commerce de détail, le découragement, et quelque chose de plus, peut-être?

La tranquillité publique, dont nous parlions tout à l'heure, ne tient-elle pas, par quelque côté, à la bonne situation des affaires?

La prospérité publique n'a-t-elle rien à voir, enfin, dans l'état actuel du commerce parisien, — quand se déroule sous nos yeux l'affligeant tableau des faillites, qui se traduit, pour une période de moins de quatre mois, prise au hasard, par le chiffre effrayant de près de *six cents*?

Qu'en dites-vous, commerçants parisiens?

Qu'en pensez-vous, messieurs de l'Hôtel des ventes?

A votre tour, qu'en pensez-vous, économistes de toutes les écoles?

Assurément, je n'aurai pas l'ingénuité d'émettre cette hérésie que tant de faillites ont eu pour cause unique les empiétements du privilége sur la liberté commerciale.

Mais qui oserait soutenir qu'il n'en a pas été l'un des principaux agents?

Qui ne voit que si l'on n'avise, par de promptes mesures, à endiguer le torrent, le commerce de détail n'existera bientôt plus qu'à l'état de souvenir, entraînant dans sa ruine notre fortune mobiliaire ?

Répétons-le donc, il faut se grouper, s'entendre, et par une action collective imposante, énergiquement et longuement soutenue, s'il le faut, mettre un terme à tous ces maux.

Pour terminer, je reviens sur cette question posée précédemment :

« L'application rigoureuse de la législation qui régit l'institution et détermine les attributions des commissaires-priseurs suffirait-elle à la protection du commerce et aux nécessités de la situation ? »

Je réponds sans hésiter : NON !

Nous avons compulsé minutieusement cette législation depuis son origine jusqu'à ce jour. De l'étude à laquelle nous nous sommes livré, il résulte pour nous cette conviction que la loi existante, qui visait un ordre de choses tout autre, est impuissante à détruire un mal trop invétéré.

Il faut ici un remède héroïque.

Il faut, de toute nécessité, — et d'urgence, — détruire le parasitisme de l'Hôtel des ventes, qui pèse d'une façon si désastreuse sur le vendeur et sur l'acheteur.

Il faut que vendeurs et acheteurs soient délivrés de cette lèpre qui a nom *experts*, qui leur est imposée arbitrairement par le bon plaisir des officiers publics de l'Hôtel; des experts, vrais pêcheurs en eau trouble, qui légalement n'ont aucune raison d'être, dont la coopération n'a pour résultat que d'accabler de frais les malheureux qu'un vent funeste pousse sous le crochet de leur harpon.

Il faut que, par des dispositions sévères, rigoureusement observées, les officiers publics soient contraints de rentrer dans le mandat essentiellement judiciaire que la loi leur confère.

Il faut, comme nous l'indiquons dans notre projet de pétition à l'Assemblée nationale, la liberté hautement reconnue pour tous de vendre à l'encan les marchandises neuves ou d'occasion, dans tel lieu que voudra choisir le vendeur, avec l'assistance d'un officier public, dont l'unique mission sera de constater la légitime provenance, d'assurer la perception des droits dus à l'État, et d'imprimer un caractère régulier et légal aux opérations de la vente.

Comme conséquence, il faut enfin que le public, commerçants ou autres, individuellement ou collectivement, comme déjà nous l'avons indiqué, puisse ouvrir hôtel contre hôtel, et opérer là, sous les réserves ci-dessus mentionnées, toutes ventes aux enchères, sans avoir à supporter les frais énormes qui sont imposés par l'Hôtel Drouot, sans surtout avoir à subir le cortége des parasites qui y pullulent.

Sous l'ancien régime, à chaque abaissement des

barrières féodales qui pesaient sur le commerce, à chaque conquête de la liberté industrielle, on a vu se développer les affaires, les transactions, la prospérité publique. Le ministère du grand Colbert, entre autres, nous en fournit d'irrécusables exemples.

Cette liberté dernière grandira la fortune de Paris, son attraction, son activité, la valeur de la propriété foncière.

Là est le remède, le seul palladium.

Quand on en prendra la ferme détermination, on obtiendra ce résultat, car on peut le poursuivre au nom de l'égalité devant la loi, au nom de la liberté commerciale, au nom de l'abolition des priviléges et des monopoles, proclamée depuis 1789, au nom du droit, de la justice, de la raison, de l'utilité sociale.

On l'obtiendra, parce qu'il est impossible, comme nous l'avons dit, que les dépositaires du pouvoir, éclairés sur les périls de la situation, refusent leur concours dans la poursuite d'une légitime revendication.

On l'obtiendra, parce que le législateur, éclairé à son tour sur la gravité de ces mêmes périls, voudra étendre sa sollicitude sur les grands intérêts menacés.

Il voudra préserver des derniers désastres une des principales sources des revenus publics, qui bientôt sera anéantie si la main de la loi ne lui vient en aide.

Au moment où, — comme un défi aux souffrances du commerce et à l'opinion, — une feuille quotidienne nous apprend qu'il est question de construire sur l'emplacement de l'ancien Opéra des salles de vente beaucoup plus vastes que le local actuel devenu insuffisant ;

Au moment où, — pour comble d'ingénuité ou de cynisme, — un autre journal (*le Figaro !*) par la plume de M. Alfred d'Aunay, ose tendre la main à l'État et à la ville de Paris en faveur de ces pauvres commissaires-priseurs, en demandant pour eux la concession GRATUITE d'une portion du même terrain, — évaluée modestement à un million ;

Les pouvoirs compétents voudront pénétrer les causes qui nécessitent une telle extension, et, il faut l'espérer, loin de tolérer de nouveaux empiétements, loin de se fourvoyer dans un acte de munificence, on voudra mettre un terme aux excès d'une école publique de tripotage artistique et commercial, dont elle donne le pernicieux exemple à nos compatriotes, et qui, en outre, nous déconsidèrent auprès des étrangers, toujours prompts à nous juger sévèrement, toujours prêts à profiter de nos fautes et de notre aveuglement.

FIN.

www.ingramcontent.com/pod-product-compliance
Lightning Source LLC
Chambersburg PA
CBHW071934160426
43198CB00011B/1390